테마★로 만나는 인문학 여행 ①

벨기에에
마시러
가자

| 만든 사람들 |
기획 인문·예술기획부 **| 진행** 하유지 **| 집필** 김영근 **| 편집·표지디자인** 김진·신정은

| 책 내용 문의 |
도서 내용에 대해 궁금한 사항이 있으시면
저자의 홈페이지나 디지털북스 홈페이지의 게시판을 통해서 해결하실 수 있습니다.
디지털북스 홈페이지 www.digitalbooks.co.kr
디지털북스 페이스북 www.facebook.com/ithinkbook
디지털북스 카페 cafe.naver.com/digitalbooks1999
디지털북스 이메일 digital@digitalbooks.co.kr
저자 이메일 migojarad@gmail.com
저자 블로그 www.migojarad.com

| 각종 문의 |
영업관련 hi@digitalbooks.co.kr
기획관련 digital@digitalbooks.co.kr
전화번호 (02) 447-3157~8

BELGIUM

벨기에에 마시러 가자

김영근 저

J&jj 제이앤
제이제이
www.jnjj.co.kr

머리말
foreword

여러분은 맥주 하면 어떤 이미지가 떠오르십니까? 여름날 이빠이 '히야시'해서 시원하게 마시는 술, 치킨하고 궁합이 환상적인 술, 소주에 타 마시는 술 등등. 다양한 이미지가 떠오를 겁니다. 하지만 거기엔 와인이나 싱글몰트 위스키처럼 취하기보다는 맛을 위해 마시는 술, 음미하는 술이라는 이미지는 별로 없을 겁니다.

사실 그도 그럴 수밖에 없습니다. 우리 주변에서 쉽게 찾아볼 수 있는 투명한 노란빛의 국산 맥주들을 마셔보면 별다른 맛이 없습니다. 물론 '맛'이야 있지요. 하지만 이게 와인처럼 음미할만한 맛인가 하면 그렇지 않습니다. 솔직히 이건 우리나라만의 이야기도 아닙니다. 카*, 하이* 같은 노란색의 맥주를 '페일 라거Pale Lager'라고 부르는데요, 전 세계 맥주 생산량의 반 이상을 이 페일 라거가 차지하고 있습니다. 물론 개중에는 훌륭한 맛의 맥주도 있겠습니다만, 전세계 사람들 대부분이 맥주를 별다른 맛없이 그저 시원하게 마시는 노란색 술이라고 인식하고 있다는 것이죠.

그런데, 정말 맥주는 그런 술일까요? 고대 메소포타미아의 수메르 인들이 처음 빚어서 마시기 시작했다는데, 그럼 역사만 8천 년이 넘습니다. 그런데도 정말 맥주는 8천 년의 역사동안 계속 시원하게 지금과 같은 모습으로 존재했을까요? 만약 그렇지 않다면, 다른 맥주들은 다 어디로 간 걸까요?

이 책은 여러분들의 맥주에 대한 인식을 넓혀드리기 위해 쓰여졌습니다. 이 세상에 존재하는 수없이 많은 종류의 맥주들, 그 중에서도 제가 직접 다녀온 경험을 바탕으로 벨기에의 다양한 맥주들에 대해 이야기해보고자 합니다. 벨기에 맥주에 관한 이런저런 이야기들에서부터 제가 직접 가보고 느꼈던 맥주 명소들, 그곳에서 만난 사람들과 마셨던 맥주들에 대한 이야기들을 통해 여러분들이 맥주가 와인만큼 다양하고, 또 그만큼의 가치가 있는 술임을 알아 주셨으면 좋겠습니다. 또 혹여나 유럽 여행, 그중에서도 벨기에에 일정을 계획하는 분이 계시다면 이 책을 통해 보다 풍요로운 여행이 되시기를 바라 봅니다.

제가 이 책을 쓰기까지, 또 이만큼의 '맥덕후'가 되기까지 많은 분들의 도움이 절대적이었습니다. 먼저 부모님, 이렇게 막나가는 아들을 언제나 믿고 지지해주시는 두 분께서 계셨기에 지금의 제가 있을 수 있었습니다. 앞으로도 더욱 막나갈 것 같은데, 변함없는 지지 부탁드리며, 경상도 출신이라 그런지 평소에는 하지 못했던 말 지면을 빌려 전해 봅니다. 어머니 아버지 사랑합니다. 자타가 공인하는 국내 최고의 홈브루어이신 Pooh 님과 fisher 님, 두 분께서 우리나라의 홈브루잉과 크래프트 맥주 문화라는 토지를 일구시고 그 위에 내려앉은 제게 물과 양분을 계속 주셨기에 제가 이만한 맥덕후가 될 수 있었습니다. 늘 감사드리고 앞으로 더욱 열심히 정진하도록 하겠습니다. Pooh 님의 Wild Waves Brewing 과 fisher 님의 Akitu Brewing 모두 대박 나시길 기원합니다. 나의 가장 절친한 친구인 상훈, 언제나 날 응원해 주면서 때로는 따끔한 충고를 날리는 것도 잊지 않았기에 지금의 내가 있는 것 같다. 늘 고맙고 앞으로도 우리 우정 이어나가자. ㅁㅈ필자라는 인연으로 시작해서 둘도 없는 맥덕 동지가 되어 주신 기윤 님, 관열 님, 상석 님, 성준 님, 여러분들이 계셔서 제 맥덕 라이프가 더욱 윤택합니다. 다들 크든 작든 이쪽으로의 꿈과 생각들을 갖고 계신데, 우리 존재 파이팅 해서 다들 잘 되었으면 합니다. 여행길에서 만났던 켄지 아저씨, 버트, 루이스, 카일, 그 외에 이름을 미처 묻지 못했던 많은 분들, 여러분들 덕분에 여행길이 내내 즐거웠고 이렇게 책도 내게 되었네요. 언젠가 재회하게 된다면 그때는 반드시 제가 맥주 한잔 살게요. 인하대학교 자전거 동아리 인하라이더 선후배 여러분, 여러분이 있어 자칫하면 맥주 일변도로 갈 수 있는 제 삶에 균형이 맞춰집니다. 자전거 좀 열심히 타야하는데 요즘은 소홀한 것 같아 늘 미안한 마음뿐이네요. 앞으론 좀 열심히 탈 수 있길 바라보며 라이딩 하고 맛있는 맥주 한잔 합시다. 이 책이 나오기까지 모든 면에서 고생하신 한윤지 편집자님, 맨날 원고 밀리고 그러는 와중에도 싫은 소리 한마디 안 하시고 차분히 격려해 주셨지요. 모자란 필자 만나서 고생하셨고 너무 감사합니다. 편집자님 아니었으면 책이 나오지도 못했을 겁니다. 이 외에도 너무 많은 분들이 계시기에 미처 이곳에 이름이나 닉네임을 담지는 못했지만 맥주라는 공통분모 하나만으로 인연을 맺게 된 많은 맥주 애호가 여러분, 여러분들이 없었다면 저도 이만한 맥덕이 되지는 않았을 겁니다. 여러분들 모두가 제 삶의 일부입니다. 우리 맛있는 맥주 마시며 즐거운 맥덕라이프 계속 이어가도록 합시다.

2015년 6월, 마감 날을 단 며칠 남겨두고.

미고자라드, 김영근 드림.

Contents

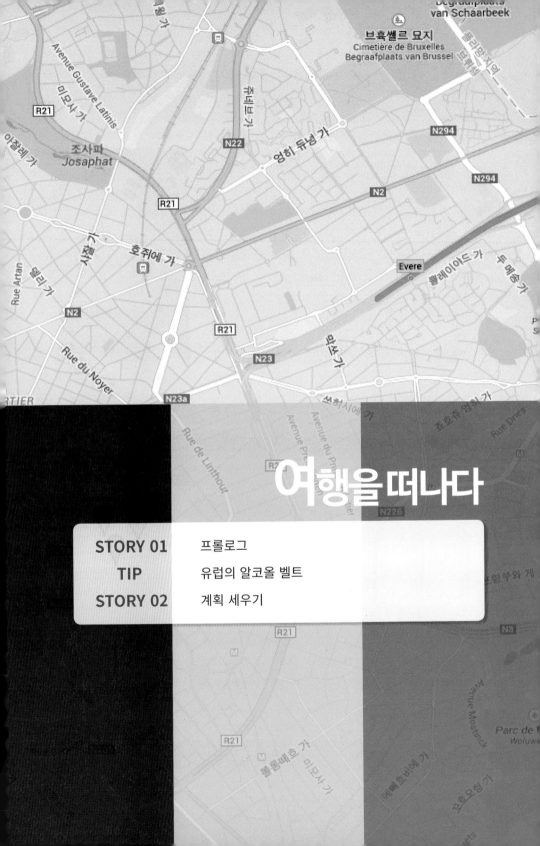

여행을떠나다

프롤로그

2013년 8월, 신성한 국방의 의무를 무사히 수행한지 갓 1년이 지나갈 무렵, 나는 홀로 유럽으로 떠났다.

동기는 단순했다. 요즘 대학생들 유럽 많이들 가는데 나도 한번 가보자. 하필이면 또 군 생활 당시 주변 사람들이 만만찮은 여행가들이어서 잔뜩 '뽐뿌'를 받았던 차이기도 했다. 누군들 안 그렇겠냐만 나 역시도 여행을 싫어하지 않았고, 무엇보다 여지껏 해외로 나가본 적이 없던 터라 한번 나가보고 싶단 마음도 있었다.

이를 위한 준비 과정도 평범했다. 전역 후 바로 학교로 돌아가지 않고 휴학을 선택하여 열심히 돈을 모았다. 내 청춘의 한 페이지를 장식한 지*문구프라자... 어머니를 졸라 도시락을 싸다니며 적금을 부었다. 딱 1년을 다녀 퇴직금까지 챙겨서 퇴사. 사실 내 나이 또래에 유럽여행을 준비하는 사람들과 별반 다를 게 없는 평범한 동기와 평범한 준비 과정이었다.

하지만 그 목적만큼은 특별했다. 단순히 박물관, 여행 명소들을 둘러보며 관광을 하려는 것이 아니었다. 적어도 내게는 여행의 테마가 있었다. 그리고 그 테마는 남들에 비해서 조금 특별한 것이었다. 그것은 바로 맥주. 우리나라에서야 맥주가 소주에나 타 마시고 치킨 먹을 때 청량감을 느끼기 위해 같이 마시는 정도에 불과하지만, 유럽의 이른바 '비어 벨트Beer Belt'에 속하는 국가들에서는 그 위상이 다르다. 고대부터 역사 속에서 함께해온 음료로써 지역별로 다양한 종류와 그 특유의 문화가 녹아들어 있는 것. 대학생이 되고 술을 마시기 시작하며 소주보다는 맥주를 더욱 좋아했던 나는 이러한 유럽의 맥주들을 마시고 느껴보기 위해서 복학을 미뤄가며 1년 동안 일을 하고 돈을 모아서 유럽으로 떠난 것이다.

이리하여 시작된 한 달간의 유럽 여행, 그 첫 시작은 영국이었다. 런던으로 입성하여 피로 속에서도 꾹 참고 돌아다니며 하루 만에 시차적응을 완료. 이곳에서 나는 영국 특유의 펍pub 문화와 한때 멸종위기에 처했었던 캐스크 에일cask ale에 빠져 들었다. 첫 해외여행의 첫 시작이니만큼 남들처럼 박물관 가서 미술 작품들도 보고 하려 했으나 숙소에서 가깝길래 갔던 테이트 모던에서 이내 적성에 맞지 않다는 걸 깨닫고 일찍이 포기했다. 대신 마침 나의 방문 시기에 맞춰서 열렸던 대영맥주축제Great British Beer Festival를 매일같이 드나들었다. 세계 최대의 펍을 지향하는 축제... 맥주는 이렇게 잘 만들면서 왜 음식은 그렇게 못 만드는가 하는 작은 의문을 품었다.

맥덕후

맥주 오타쿠의 준말. '덕후'가 들어가는 말이 다 그렇듯 처음에는 그다지 좋은 의미는 아니었으나 언젠가부터 자신이 맥주 마니아임을 자랑스럽게 내보이는 말이 되었다. 다만 워낙 내공이 높으신 분들이 많아 함부로 쓰고 다니다 큰 코 다치는 경우가 종종 있다(경험담).

영국 다음으로 향한 곳은 덴마크였다. 보통은 동선 상으로나 나라에 대한 이미지로나 프랑스로 가기 마련이지만, 나에게 맥주로는 그다지 주목받지 못하는 프랑스는 그야말로 '아웃 오브 안중'이었다. 대신 덴마크로 향해 유럽의 대표

'돌+I' 양조장으로 불리는 미켈러Mikkeller의 맥주들을 마셨다. '맥덕후'라면 누구나 한번쯤 생각할 법 하지만 누구도 시도하지 않을, 그런 맥주들을 만들어 내는 만드는 미켈러. 나는 그들이 운영하는 직영 펍을 매일같이 드나들었다. 북유럽의 살인적인 물가에 질렸던 것은 덤. 세상에 빅맥이 만 이천 원이라니... 고작 이틀 머무르면서 환전해간 돈이 모자라 출금하기를 한 서너 번은 했다. 다른 이유 없이 오로지 맥주 때문에.

덴마크 다음은 벨기에지만 이건 앞으로 천천히 이야기하도록 하고, 그 다음으로 향한 곳은 독일. 그렇다. 흔히들 생각하는 맥주의 나라 독일. 독일에서 나는 뒤셀도르프와 쾰른, 뮌헨과 밤베르크를 거치며 남부 독일 특유의 비어가르텐

biergarten 문화와 맥주 순수령의 원흉(?)이 되는 바이젠, 뒤셀도르프의 알트와 쾰른의 쾰쉬, 밤베르크의 라우흐비어와 같은 각 지방 고유의 맥주들에 빠져들었다. 사실 독일 맥주들은 국내에 이미 많이 소개되어 있지만 그럼에도 본토에서 먹는 맛은 각별했다.

독일을 거쳐 도착한 마지막 행선지는 체코. 일반인들에게는 프라하의 아름다운 풍경으로 잘 알려져 있지만, 우리 맥덕후들에게는 최초의 황금빛 맥주인 필스너의 기원지로 유명하다. 게다가 전 세계 맥주 소비량 1위 국가답게 세계적으로 명성이 자자한 크래프트 맥주들을 쉽게 찾을 수 있었다. 유로화를 쓰는 여타 국가들과는 달리 물가가 저렴한건 덤. 이곳에서 나는 전 세계의 다양한 크래프트 맥주들과 필스너를 즐겼다. 그리고, 벨기에.

내가 벨기에에 머무른 기간은 1주일. 나라가 그리 크지 않기 때문에 수도인 브뤼셀에 머무르며 당일치기로 안트베르펜이나 브뤼헤와 같은 도시를 오가곤 했다. 그리고 그 1주일은 맥덕후로서 정말 너무나도 행복한 시간이었다. 맥덕후라면 누구나 한번쯤 꿈꾸는 맥주의 성지 벨기에. 이제 행복했던 나의 그 시간을 이야기 해보고자 한다.

유럽의 알코올 벨트

인류 최초의 술은 무엇일까. 둘 중 어느 것이 먼저라고 단정 짓기는 어렵지만 바로 맥주와 와인이라고 한다. 두 술 모두 인류가 농경생활을 시작한 기원전 9000년경 우연히 출현했으리라 추측되고 있다. 빵, 혹은 포도를 항아리에 넣고 얼마간 잊고 있었더니 그 안에는 기분을 좋게 하는 액체가 있더라는 것. 여기에 맛을 들인 사람들은 본격적으로 맥주와 와인을 제조하기 시작했고, 그렇게 술은 인류의 역사 속에서 발전을 거듭하며 오랫동안 함께해 왔다.

그런데 재미있는 것은 이 술의 발전과 소비가 이루어진 지역이 뚜렷이 나뉜다는 것이다. 아시아야 대부분 지역이 쌀을 주식으로 하여 이를 기반으로 한 술들이 대부분이었지만, 서구 문명이 태어나고 자라온 유럽을 보면 크게 보드카와 맥주, 와인의 세 가지 주종을 기준으로 뭉쳐 있음을 볼 수 있다. 그렇다. 이것이 바로 알코올 벨트이다. 그리고 이 알코올 벨트의 형성에는 그 지역의 기후와 지리가 밀접히 연관되어 있다.

먼저 가장 북쪽에 위치한 보드카 벨트에는 대부분의 북유럽 국가와 폴란드, 벨라루스, 우크라이나 등이 포함되는데 이들 국가의 특징은 한 마디로 춥다는 것. 1월 평균 기온이 영하 2도를 넘지를 못한다. 그러다 보니 와인에 사용되는 포도나 맥주에 사용되는 보리, 홉의 재배가 어렵다. 반면 다른 곡물이나 감자와 같은 작물은 비교적 재배가 용이한 탓에 이를 재료로 술을 빚었고, 그 술을 증류한 것이 (맛이 없어서일까?) 바로 보드카이.

아래로 내려오면 우리, 아니 적어도 내가 사랑해 마지않는 비어 벨트이다. 이 비어 벨트에는 영국, 네덜란드, 벨기에, 독일, 체코 등이 포함되는데 이들 국가의 특징은 역시 보리와 홉의 재배가 용이한 곳이라는 것. 다들 이름난 보리와 홉의 산지를 하나씩은 갖고 있다. 특히 홉의 경우 보리보다 기후 조건에 조금 더 민감한 편인데 습한 기후에서 잘 자라는 성격을 갖고 있어 비어 벨트가 좁은 원인(?) 중 하나이기도 하다.

마지막으로 남은 것은 와인 벨트. 여기에는 상당수의 유럽 국가들이 해당되는데 스페인, 포르투갈, 이탈리아, 프랑스 등 대부분의 남유럽 국가들이 여기에 해당한다. 이 국가들의 특징은 덥다는 것. 그리고 덥다는 것은 곧 포도를 재배하기에 유리한 조건으로 이어진다. 특히 최상의 와인을 만들기 위해서는 양조에 사용되는 포도의 품질이 중요한데, 포도가 집중적으로 자라는 여름 동안 비는 덜 맞으면서 햇빛은 최대한 쬐어야 좋은 포도가 나오기 때문이다.

이렇게 유럽의 알코올 벨트를 알아봤지만 그렇다고 해서 이게 이 지역에서는 이 술만이 최고다라고 선언하는 것은 아니다. 당연한 이야기이겠지만 보드카 벨트라고 해서 와인이나 맥주를 안 마시는 것은 아니고, 와인 벨트라고 해서 맥주나 보드카 안 마시는 건 아니기 때문. 특히 와인에 사용되는 포도는 껍질이 약하고 부드러운 탓에 으깨지기 쉬워 외부로 나가지 않고 산지에서 바로 와인으로 양조되는 반면, 맥주에 사용되는 보리나 홉의 경우 그렇지 않아 외부로의 반출이 쉬운 덕에 비어 벨트 이외의 지역에서도 맥주 양조장을 쉽게 찾아볼 수 있다. 게다가 오늘날에는 기후 변화와 농업 기술의 발달로 여러 작물들의 산지도 조금씩 바뀌고 있고, 이탈리아 같은 와인으로 유명한 나라에서도 뛰어난 맥주가 나오고 있다.

계획 세우기

자, 이제 유럽에 맥주를 마시러 가기로 결심했다. 그럼 그냥 떠나면 되나? 아니다. 물론 즉흥 여행도 그 나름의 즐거움이 있지만, 1년 동안 고생해서 번 돈으로 떠나는 첫 해외여행. 그렇게 막 날려버릴 순 없다. 계획을 세워야 한다.

사실 나는 1년을 채우고 퇴사 날짜가 다가오도록 여행에 대한 별 계획을 갖고 있지 않았다. 뭐, 어디로 갈지 정도야 정해져 있었다. 앞서서도 말한 바 있는 비어 벨트 속 국가인 영국, 벨기에, 독일, 체코. 여기에 플러스로 덴마크와 이탈리아 정도. 나라가 정해져 있으니 동선도 절로 나왔다. 영국에서 시작해서 덴마크 – 벨기에 – 독일 – 이탈리아 – 체코. 중간에 끼워진 덴마크와 이탈리아만 아니면 모두 서로 인접해 있는 국가여서 별로 고민할 일은 아니었다.

문제는 언제 출발할지였다. 내가 퇴사하기로 한 날은 7월의 마지막 날. 그날이 다가오도록 내 머릿속에는 '그냥 날 좀 선선해져서 움직이기 좋고 성수기도 끝나서 이래저래 돈 덜 들 가을 즈음에 떠나자'라는 막연한 생각뿐이었다. 사실 뭐 나름대로는 타당한 생각이었다. 유럽까지 가서 뙤약볕 밑에서 고생하고 싶진 않았으니까. 또 여름은 성수기라 이래저래 비싼 시기기도 하고. 문제는 일을 그만두고 언제가 될지 모를 여행 출발일까지에 대한 아무런 계획이 없었다는 것이다. 잘못하면 열심히 벌어둔 돈이나 까먹고 있을 지경.

그렇게 아무 생각 없이 퇴사 일만 기다리던 어느 날. 여느 날과 같이 무심코 인터넷을 하던 나는 한 가지 커다란(?) 발견을 하게 된다. 그것은 바

로 대영맥주축제. 매년 8월 셋째 주 화요일부터 5일간 열리는, 앞에서는 짧게 언급했지만 어마어마한 명성과 규모를 자랑하는 최고의 맥주축제. 어머! 이건 가야해! 도대체 어떻게 이걸 잊고 있었단 말인가. 그때부터 나는 부랴부랴 계획을 세우기 시작했다.

가장 먼저 한 일은 항공권 구입. 환승을 해도 좋다. 목표는 가장 저렴한 항공권 구입이었다. 처음부터 여행 기간은 한 달 정도를 생각하고 있었으니 그 정도로 잡고, 동선상 런던으로 들어가서 프라하로 나오는 비행기로. 그 결과 러시아항공이 나왔다. 날짜를 이래저래 맞춰 보니 8월 12일에 출국해서 9월 13일에 귀국하는 게 딱이다. 가격은 130만 원. 원래 생각대로 아직 시간적 여유가 있고 비성수기인 가을 표로 검색해보니 90만 원까지 나오는데 어쩌겠는가. 다 내가 부족한 탓임을. 눈물을 머금고 표를 구입했다. 마침 내가 표를 구입했던 시기는 원-달러 환율이 낮은 때여서 해외 항공권 비교 사이트인 카약(www.kayak.com)을 통해서 국내보다 몇 만 원 정도 저렴한 가격으로 구입할 수 있었다. 다음부턴 미리미리 계획을 세우고 표를 사도록 하자.

자, 이제 인/아웃과 날짜가 정해졌으니 세부적인 동선을 준비할 차례이다. 유럽 지도를 펼쳐놓고 갈 도시들에 동그라미를 쳐본다. 그러면 동선이 절로 보인다. 영국에서는 런던 한 곳만. 덴마크에서는 코펜하겐. 벨기에에서는 브뤼셀과 안트베르펜, 브뤼주, 포페링에. 독일은 뒤셀도르프와 쾰른, 뮌헨, 밤베르크. 이탈리아의 베니스를 잠깐 들렀다 체코에서 프라하와 플젠, 체스키 크룸로프를 가는 것으로 동그라미. 베니스와 체스키 크룸로프는 철저히 관광을 목적으로 정한 곳으로, 특히 베니스는 어릴 적 모 만화책 덕에 꼭 한번 가보고 싶었던 곳이었지만 나머지 도시들은 모두 오직 맥주 하나만을 위해서 정한 도시들이었다.

도시가 정해졌으면 이제 거기서도 구체적으로 어디를 방문할지 정할 차례이다. 세계 최고의 맥주 레이팅 사이트, 전 세계 맥덕후들의 모임과도 같은 레이트비어Ratebeer에 접속하여 'Places' 메뉴를 클릭한다. 그리고 가고자 하는 국가와 도시를 클릭한다. 그러면 전 세계 레이트비어 사용자들이 직접 방문하여

레이트비어

세상에 맥주와 펍, 양조장들이 이렇게나 많은데 이 모든 것들을 정리하고 평가할 사이트 하나 정도는 있어야 하지 않을까. 가장 잘나가는 평가 사이트가 바로 레이트비어이다. 다만 맥주 레이팅에 관해서는 이곳 사용자들의 입맛이 특정 스타일로 편중되는 경향이 있기 때문에 맹신은 금물이다. www.ratebeer.com

점수를 매기고 후기를 남긴 펍, 양조장, 보틀샵과 같은 모든 맥주와 관련된 장소들이 점수 순으로 주욱 정렬되어 나온다. 내가 할 일은 이제 이 문서를 보고 어디를 갈지를 적당히 정리해두는 일. 아, 물론 이것만 참고하진 않았다. 레이트비어의 포럼 게시판중 하나인 '맥주 여행beer travel'에 들어가서 내가 가고자 하는 도시들을 검색해 보고, 심지어는 내가 갈 코스에 대한 질문 글을 올려서 도움을 구했다. 국적은 달라도 맥주 앞에서 우리는 하나라고 그랬던가. 친절하게도 내가 가고자 하는 도시를 다녀왔던 다른 여행객들은 물론이고 현지인들, 심지어는 가고자했던 보틀샵에서 일하는 직원까지 답변을 달아 주었다. 어디는 꼭 가봐라, 어디는 갈 필요 없다. 어디 오면 연락 해달라... 역시 맥덕후들 치고 나쁜 사람 없다. 이렇게 입수한 정보들은 구글 드라이브의 스프레드시트(엑셀) 문서에 저장했다. 구글 드라이브를 선택한 이유는 클라우드 기능. 나의 태블릿에 저장해서 언제든지 꺼내볼 수 있는 건 물론이고, 인터넷만 가능하다면 세계 어디서든 문서를 열어볼 수 있다. 문서에는 장소의 이름과 주소뿐 아니라 영업시간도 써 두었다. 한정된 시간 안에 돌아다니는데 헛걸음 하면 안 되니까.

가장 중요한 맥주 관련 장소들을 정했으니 이제 관광지들을 정리할 차례이다. 이왕 외국까지 나간 거 맥주만 마실 수 있나. 게다가 내가 무슨 술고래도 아니고, 어느 정도 술을 마셨으면 다음 마실 술을 위해서 깰 시간이 필요하다. 이럴 때 하는 것이 바로 관광. 관광지 정보를 찾는 건 어렵지 않았다. 요즘 우리나라 사람들도 유럽 많이 다니니까. 조금만 검색해 봐도 수많은 카페, 블로그 게시물들이 나온다. 그래도 이건 영국이나 독일 같은 메이저한 동네 이야기지, 덴마크나 벨기에쯤 되면 정보가 확 줄어든다. 이럴 때 이용한 것이 트립어드바이저tripadvisor. 전 세계인들이 이용하는 여행정보 사이트로 이 곳 역시 레이트비어처럼 여행지를 다녀온 사람들이 직접 점수를 매기고 후기도 남길 수 있게 되어 있어서 좋은 여행지들을 쉽게 엄선할 수 있었다.

자, 이렇게 갈 곳들을 정했으면 이제는 이 장소들을 지도에 표기할 시간이다. 그런데 요즘 세상이 어떤 세상인가? 스마트한 세상 아닌가. 종이 지도를 사다 장소들을 일일이 찾아서 동그라미 치던 시대는 갔다는 말. 전 세계 지도를 지원하는 구글 지도를 띄우고 '내 지도'를 하나 만든다. 그리고는 가고자 하는 장소들을 검색하여 저장해두면 끝. 이것 역시 클라우드 기능으로 인터넷만 되는 곳이면 어디서든 확인할 수 있다. 나는 여기에다가 인터넷이 안 될 경우를 대비하여 태블릿에 Locus라는 어플을 이용해 구글 지도를 아예 다운받아서 이를 보면서 다녔

는데, 이게 또 그렇게 스마트하고 강력할 수가 없다. 태블릿에 유럽 지도와 GPS가 내장되어 있으니 도무지 길을 잃을 수가 없는 것. 나는 특별히 반미주의자도, 친미주의자도 아니지만 여행 내내 만큼은 구글과 GPS를 만든 미국을 찬양할 수밖에 없었다. 도보여행자들에게 천조국의 가호 있으리!

이렇게 갈 장소들마저 정하고 나니 이제 남은 일들은 일사천리다. 먼저 각 국가/도시별로 얼마나 체류할 것인가, 그리고 어떻게 이동할 것인가. 스프레드시트에 정리한 장소들을 보면서 고민한 끝에 최종적으로 런던에서 일주일, 코펜하겐은 이틀, 벨기에 브뤼셀에서 일주일간 머무르며 각 도시들을 당일치기로 다니기, 독일로 넘어가 뒤셀도르프 이틀, 잠시 이탈리아 베니스로 넘어가 이틀을 보낸 다음 다시 뒤셀도르프로 돌아와 쾰른에서 반나절, 뮌헨 닷새, 밤베르크 이틀, 체코는 프라하에서 사흘간 머무르며 플젠과 체스키 크룸로프 다녀오기로 결정했다. 각 도시들 안에서의 동선도 체크해 본다. 벨기에야 도시들이 크지 않고 대게 '구시가지'와 같은 관광지 주변에 맥주 관련 장소들도 모여 있지만, 런던이나 뮌헨과 같은 경우 커다란 도시에 여기저기 관광지와 맥주 관련 장소들이 퍼져 있었기 때문에 하루 동안 어디를 훑어볼지 대강 구역을 나눠볼 필요도 있다. 도시간은 어떻게 이동할 것인가. 이건 고민의 여지가 없다. 유럽은 당연히 철도다. 나 같은 여행객들 이용하라고 유레일도 있고. 하지만 물론 런던-코펜하겐이나 뒤셀도르프-베니스와 같

은 변태적인 여정 앞에서는 당연히 비행기를 이용해야 했다. 다행히 저가 항공들이 잘 되어 있어 비용적으로 큰 부담은 없었다. 나머지는 철도를 이용하는 만큼 유레일패스를 끊었는데, 런던에서만 일주일을 머무르는 등 32일 내내 철도를 이용하는 게 아니고, 또 기차로 이동하게 되는 국가는 벨기에-독일-체코에 불과했기 때문에 3개 인접국에서 2개월 내 지정된 일수 동안만 철도를 무제한으로 이용할 수 있는 유레일 셀렉트 패스를 열흘짜리로 끊어서 이용했다. 사실 이걸 살 때도 나름 잘 생각해서 돈 아낀다고 생각했는데, 정작 유럽에 와 보니 벨기에나 체코의 경우 그 나라 안에서 움직이는 철도 비용이 그리 비싸지 않을 뿐 아니라 벨기에의 경우에는 철도청에서 여러 가지 프로모션도 하고 있었기 때문에 유레일을 끊는 것 보다 그냥 현지에서 표 사서 타는 게 훨씬 더 싸게 먹히지 싶었다. 그러니 부디 여러

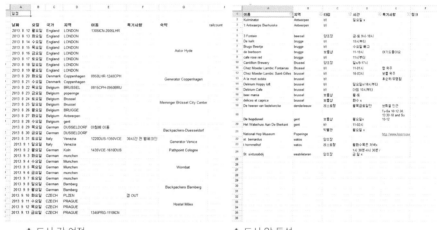

❖ 도시 간 여정   ❖ 도시 안 동선

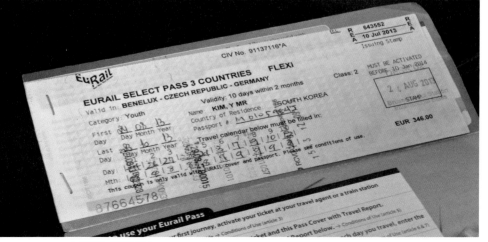

❖ 유레일 셀렉트 패스

분께서는 여행 전에 철도 이용할 구간들 모두 요금 한번 조회해 보시고 어느 쪽이 이득인지 꼭 따져보시길 바란다. 유레일, 결코 싸지 않다.

　어디서 얼마나 머무를지가 정해졌으니 다음은 숙소를 예약할 차례. 내가 이용할 숙소는 당연히 호스텔이었다. 조금이라도 더 아껴서 맥주 한잔 더 마셔야 하니까. 보통 나 같은 대학생 여행객들은 주로 한인민박을 많이 이용하곤 하는데, 아무래도 같은 한국 사람들을 쉽게 만나서 같이 다닐 수 있다는 점에서 선택하는 듯하나 이왕 외국 나간 거, 조금이라도 외국인들과 더 시간을 같이 보내는 게 좋지 않겠는가. 게다가 한인민박조차도 호스텔에 비하면 비싸기도 하고. 호스텔 이용료는 국가별, 방의 크기(몇 인실), 성수기/비수기에 따라 조금씩 다르긴 하지만 하룻밤에 대략 우리 돈으로 2-4만 원 정도를 생각하면 된다. 이런 호스텔을 이용할 때 가장 중요한 것은 시설과 청결 수준이었는데, 이에 관한 정보는 국내 최대의 유럽 여행 카페인 유랑(http://www.eurang.net)과 전세계 호스텔 예약 사이트인 호스텔월드(http:// www.hostelworld.com)를 통해 사람들의 리뷰를 읽어보고 결정했다. 흔히 호스텔 하면 전체적으로 시설 수준이 낮다고 생각하는데, 내가 브뤼셀에서 묵었던 마이닝어 호스텔Meininger Hostel의 경우 호텔과 호스텔을 겸업하는 곳이어서 한 방에 여럿이 잔다는 점을 제외하면 호텔과 동일한 수준의 서비스를 누릴 수 있었다. 마침 요즘이 유럽 여기저기에서 호스텔 체인들이 생겨나는 시기여서 이런 곳들을 이용하면 영업을 시작한지 얼마 안 된, 세련되고 깨끗한 시설을 이용할 수 있다. 내가 코펜

하겐에서 묵었던 호스텔이 오픈한지 4개월이 안 되는 곳이었으니 그 상태가 대략 짐작이 가리라. 이런 호스텔의 예약은 호스텔월드와 같은 통합된 대형 사이트를 이용하면 편리하긴 하지만 이들은 호스텔 요금 외에도 별도로 수수료를 받기 때문에 가능하면 각 호스텔에서 직접 운영하는 사이트에서 예약하는 것이 보다 저렴하다.

자, 이 정도면 계획 단계에서의 준비는 끝이 났다. 이제는 자잘한 일들만 몇 가지 남았다. 먼저 휴대폰 로밍이다. 보통 나같이 해외에서 비교적 오랫동안 체류하는 경우에는 해외에서 선불 USIM을 구입하여 이용하는 경우가 많은데, 나는 딱히 매일 카톡해 줄 여자 친구가 있는 것도 아니고(...ㅠㅠ), 지도를 미리 태블릿에 받아 놓는 등 인터넷이 꼭 필요하지 않았기 때문에 굳이 USIM을 구입하진 않았다. 그 대신 혹시라도 모를 인터넷이 필요할 상황에 대비하여 데이터 무제한 쿠폰을 몇 장 사 두었다. 마침 내가 여행을 준비할 무렵에는 데이터 무제한 쿠폰을 할인 판매하는 이벤트가 있었기 때문에 약 5만 원 정도에 9일치 쿠폰을 살 수 있었다. 사실 이렇게 사 둔 쿠폰도 대부분의 펍과 호스텔에서 와이파이를 제공하는 덕분에 쓸 일이 거의 없었다. 기차로 도시간 이동할 때 심심해서 쓰는 정도?

두 번째는 환전. 내가 가는 국가들이 다양하다 보니 외환도 영국 파운드, 유럽 유로, 덴마크 크로네, 체코 코루나로 총 네 가지의 외환을 준비할 필요가 있었다. 영국이나 다른 유로화를 쓰는 유럽 국가들은 많이들 가니까 동네 주거래 은행에서 환율 우대 높게 받아가면서 환전할 수 있었지만, 크로네나 코루나 같은 마이너한 외환은... 결국 크로네는 동네 외환은행에서, 코루나는 출국할 때 공항에서 겨우 바꿀 수 있었다. 나는 조금이라도 싸게 환전하려고 환율 추이를 지켜보다 결국 최저점을 놓치고 출국하기 직전에서야 환전했는데, 여러분은 계획을 세운 그 날부터 환율을 잘 체크해서 적당히 낮다 싶을 때 저렴하게 바꾸시길 바란

다. 또 크로네나 코루나 같은 비교적 마이너한 외환은 외환은행, 그것도 규모가 큰 지점에 가야 바꿀 수 있으니 참고하실 것.

돈은 환전 말고도 카드도 들고 갔는데, 일을 그만 둔 나에게 신용카드가 나올 리는 없고 해외 결제가 가능한 체크카드를 들고 갔다. 해외 결제가 가능한 체크카드에는 몇 가지가 있는데 이 중에서도 하나카드의 VIVA2가 '본좌'로 일컬어진다. 해외 결제 수수료가 가장 적기 때문. 대신 해외에서는 사전에 6자리 비밀번호를 따로 등록해야 사용이 가능하다. 나중에 해외에 나가서 느낀 것이지만, 영국은 웬만한 노점에서도 카드 결제가 가능해서 현금 쓸 일이 별로 없었던 반면 독일은 카드 지원이 미비해서 대부분 현금을 써야 했다.

휴학생이긴 해도 학생 신분인 걸 이용해서 국제 학생증도 따로 만들어 갔는데, 기존의 학생증을 국제 학생증으로 받았다 하더라도 해외에서 쓰기 위해서는 뒤에 스티커를 따로 받아서 붙여야 하니 학생인 분들은 참고할 것. 이게 쓸 일이 없을 것 같지만 박물관이나 관광지, 일부 호스텔에서 할인을 제공하기 때문에 의외로 요긴하게 써먹었다. 맥주 쪽으로는 전혀 무쓸모였지만.

❖ isic 국제 학생증

우리나라야 버스나 지하철과 같은 대중교통비가 저렴한 편이지만 해외에서는 그렇지 않기 때문에 이와 관련한 패스와 같은 정보도 미리 조사해둬야 한다. 나 같은 경우에는 대부분 걷는 것으로 때웠지만 조금 먼 거리를 이동할 때는 대중교통을 이용해야 하니까. 나는 런던에서는 그냥 오이스터 카드를 충전해서, 브뤼셀에서는 10회 승차권을 구입하여 이용했다. 나머지 도시들은 그냥 제 돈 주고 이용한 듯하다. 가고자 하는 도시와 체류 기간, 이용 빈도에 따라서 달라지니 이 점도 잘 생각해봐야 한다.

자, 이제 계획 단계는 거의 끝이 났다. 남은 건 짐을 꾸리고 떠나는 일 정도. 짐을 꾸릴 때는 특별한 건 없지만 될 수 있으면 국내에서 준비해갈 수 있는한 최대한 준비해 가시는 걸 추천한다. 나의 경우에는 비누, 샴푸 같은 세면도구와 슬리퍼를 현지에 도착해서 살 생각으로 갔는데, 장거리 비행을 마치고 한밤중에 영국에 도착했더니 세면도구를 살 곳은 없고 몸은 찝찝해서 꽤나 고생했다. 슬리퍼도 의외로 살 만한 곳을 찾기가 어려웠고... 나 같은 맥덕후들은 한번 해외에 나

가면 국내에 수입되지 않는 맥주들로 캐리어 하나를 가득 채워오는데, 그런 만큼 캐리어는 반드시 좋은 것을 쓸 것. 사실 싸구려 캐리어는 맥덕후들처럼 맥주로 안 채워도 조금만 끌고 다니면 바퀴 부서지기 십상이다. 나는 나름 브랜드 캐리어를 쓴 덕에 그런 일은 없었지만, 주변 사람들의 경험담을 들어보면 길바닥 한 가운데에서 캐리어 바퀴 깨질 때 그만한 멘붕이 없다고 한다. 혹여 맥주병 깨지지 않게 잘 감싸 올 거라고 뽁뽁이 잔뜩 챙겨가는 분들도 있는데, 나의 몇 번 안 되는 경험에 비춰 봤을 땐 그냥 가져간 옷가지와 수건으로 적당히 감싸주는 것으로도 충분하다. 공항 직원들이 택배 회사처럼 막 던지지는 않는 듯하니까.

이 정도면 여행의 준비는 끝이 났고 떠나는 일만 남았다. 글로 쓰고 보니 별 것 아닌 것 같고, 실제로도 마음먹고 해치우자면 금방 해낼 수 있겠지만 내가 이 만큼을 준비하는 데에는 몇 달이 걸렸던 것 같다. 혹여 이 글을 읽고 여행을 준비하는 분들이 계시다면 조금 더 알아보고 준비하시길. 내가 제시하는 방법들이 왕도는 아니기 때문이다. 유비무환이라고, 조금만 더 고생해서 덜 후회하는 게 훨씬 낫지 않은가. 그럼, Bon Voyage!

벨기에에
마시러 가자

맥주대국 벨기에

STORY 01 왜 벨기에인가

자, 이제 당신이 유럽으로 여행을 떠난다고 가정해 보자. 당장 떠오르는 국가들이 몇 곳 있을 것이다. 영국, 프랑스, 독일, 이탈리아… 그도 그럴 것이 이 나라들은 대부분 유명한 관광지를 하나씩은 갖고 있는 나라이다. 영국의 빅 벤, 프랑스의 에펠탑, 독일의 노이슈반슈타인 성, 이탈리아의 베니스 등등… 하여간 이런 점에서 벨기에를 떠올린 사람들은 거의 없을 것이다.

사실 그도 그럴 것이 벨기에 하면 이거다 하고 떠오르는 것이 없다. 사실 벨기에라는 나라 자체가 우리한테 잘 알려져 있는 것도 아니고. 크기도 고작 우리나라의 경상도 만하다는데 그 작은 나라에 뭐 볼만한 게 있을까. 고작 해봐야 고디바나 레오니다스로 잘 알려진 초콜릿이나 요즘 우리 주변에서도 흔히 볼 수 있는 벨기에 와플 정도가 전부다. 브뤼헤Brugge의 풍광이 아름답다고는 하지만 사실 다른 유럽 국가들에도 그와 비슷한 도시가 한군데씩은 있다는 것을 생각하면 그리 큰 메리트는 아니다. 벨기에를 다녀왔다고 하면 대부분 유럽 여행 중 국경을 넘으면서 잠시 들르는 정도이지 벨기에를 목적으로 다녀온 사람은 매우 드문 게 사실이다.

하지만 나와 같은 '맥덕후'들에게는 이야기가 달라진다. 우리 맥덕후들은 유럽 하면 벨기에를 가장 먼저 떠올린다. 그도 그렇게 벨기에는 그야말로 '성지'니까. 왜냐? 벨기에는 맥주의 종류도 많을뿐더러 보통 사람들은 맥주라고 생각하기 힘들 정도로 다양한 개성을 지닌 맥주들이 존재하기 때문이다. 그 종류는 거칠게 잡아서 12가지, 세세한 차이까지 합하면 60여 가지에 달하며, 여기에는 우리나라에서도 많이들 마시는 호가든과 같은 윗비어Witbier에서 트라피스트 수도원에서 수사들이 직접 만드는 트라피스트Trappist, 마치 와인을 마시는 듯한 산미와 여러 과일 풍미를 자랑하는 플란더스 레드Flanders Red, 맥주에 대한 기존의 관념을 뒤집어엎는, 식초가 아닌가 의심할 정도로 시큼한 람빅Lambic까지 상상

그 이상의 맥주들이 존재하기 때문이다.

그렇다면 무엇이 벨기에를 맥덕후들의 성지로 만든 것일까. 먼저 문화적 다양성이다. 유럽 지도를 펼쳐서 벨기에를 찾아보면 정말 다양한 나라들과 국경을 맞대고 있는 것을 볼 수 있다. 프랑스, 독일, 네덜란드, 룩셈부르크... 게다가 한 면은 곧장 북해로 통하고 있다. 자, 뭔가 감이 오지 않는가?

벨기에, 30,528㎢의 면적, 인구수 약 천이백만 명. 남한 면적의 1/3 정도의, 앞서도 말했듯 경상도만한 크기의 작은 나라이지만 오래전부터 이 나라, 저 나라에 넘어가길 반복하는 유럽 역사 속 분란의 무대였다. 지금의 형태로 독립을 이룬 것은 고작 1830년의 일. 사실 그도 그럴 것이 여러분이 느낀 감 그대로 벨기에는 오래전부터 교통의 요충지였다. 덕분에 무역과 상거래가 발달하여 유럽 전역의 부가 늘 모였으며, 벨기에의 도시 중 하나인 안트베르펜에는 유럽에서 두 번째로 큰 항구가 들어섰을 정도였으니까. 하지만 이 때문에 벨기에는 오늘날에도 지역에 따라 공용어로 네덜란드어와 프랑스어, 독일어의 3개 국어를 사용하고 있으며, 각 지역 간에 감정 대립이 너무 심해 분리 운동이 일어나고 있을 정도이다. 세상에, 2010년에는 이 때문에 무정부 상태로 541일을 버텨 기네스북에 올랐다고 한다. 이 나라의 표어가 '단결은 힘이다'라는데 그 이유를 알만하다.

하지만 이는 반대로 벨기에를 문화 융합의 장으로 기능하게 하는 원동력이기도 하다. 브뤼셀에서 가장 유명한 장소인 그랑플라스는 다양한 건물들로 둘러싸인 광장인데, 이 건물들이 제각기 고딕 양식, 바로크 양식, 르네상스 양식 등 다양한 양식들이 융합되어 있어 이 장소를 아예 건축 박물관이라 부르기도 한다. 벨기에의 맥주 역시 마찬가지이다. 독일과 네덜란드의 게르만 문화, 프랑스의 라틴 문화가 대립하는 듯하면서도 조화를 이루지 않았더라면 벨기에 맥주 역시 이만큼 다양하진 않았을 것이다.

두 번째로는 다소 역설적이게도 '맥주 순수령Reinheitsgebot'의 영향을 받지 않았다는 점이다. 오늘날 우리가 맥주 하면 독일을 연상시킬 정도로, 독일 맥주를 이름나게 한 일등 공신 맥주 순수령. 우리에게는 맥주를 만드는 데에는 오직 물과 보리, 홉만을 사용해야 한다고 규정함으로써 맥주의 품질을 높였다고 알려졌지만, 이는 하나만 알고 둘은 모르는 소리이다. 물론 이로 인해 독일 맥주의 품질은 높아진 것이 맞다. 하지만 반대로 기존에 여러 가지 재료를 사용해 만들어지던 맥주들을 멸종시킴으로써 독일 맥주를 획일화시키는 결과를 낳고 말았다. 오죽하면 일부 맥덕들은 독일 맥주를 재미없다고 말할까. 하지만 벨기에는 어떤가. 벨기에는 이런 맥주 순수령의 저주(?)에서 벗어나 있었고, 이 사실은 과일, 향신료, 허브와 같은 다양한 재료들을 사용하는 전통적인 스타일의 생존은 물론이고 끊임없이 새로운 스타일들이 탄생할 수 있는 원동력이 되었다.

마지막으로는 끊임없이 노력하고 새로운 스타일을 개발하려는 벨기에 양조가들의 자세이다. 맥주 하면 어떤 이미지가 떠오르는가. 아마 십중팔구는 흔히들 마시는 황금빛의 라거Lager 맥주를 떠올릴 것이다. 물론 사실은 그렇지 않고 다양한 빛깔의 맥주들이, 오히려 황금빛이 아닌 스타일이 더욱 많지만 어쩌겠는가, 현실이 그런 것을. 1842년 체코의 플젠Plzeň이라는 작은 마을에서 황금빛의 필스너Pilsner 맥주가 탄생한 이래로 전 세계는 그냥 이 황금빛 맥주에 뒤덮여 버렸다.

심지어는 영국, 독일과 같이 맥주로 유서 깊은 나라들마저도. 이 나라의 양조가들은 거세게 몰아쳐오는 황금빛 라거라는 대세 앞에 속절없이 스러진 것이다. 하지만 벨기에 양조가들 만큼은 달랐다. 물론 이들이라고 라거 맥주를 만들지 않은 것은 아니다. 오늘날 '유럽의 버드와이저Budweiser'라고 불릴 정도로 잘 나가는 스텔라 아르투와Stella Artois 가 바로 이 벨기에 맥주니까. 하지만 상당수의 벨기에 양조가들은 라거의 물결에 휩쓸리는 대신, 오히려 위기를 기회로 바꿔 놓았다. 이들은 황금빛을 내는 밝은 색의 몰트를 이용하여 똑같은 모습이지만 전혀 다른 맛과 향을 지닌 벨지안 골든 스트롱Belgian Golden Strong이라는 스타일을 만들어 낸 것이다. 이들의 이러한 자세는 여기에서 그치지 않고 계속되어 2000년에는 '샴페인 맥주'로 일컬어지

는 비에르 드 샹파뉴Bière de Champagne를 고안해 냈으며, 전 세계가 미국식 크래프트 맥주의 광풍 속에 빠져있는 오늘날에도 이에 휩쓸리기는커녕 오히려 이들을 벨기에 식으로 재해석한 벨지안 IPABelgian IPA, 호피 세종hoppy saison과 같은 창조를 계속해서 이어가고 있다.

이러니 벨기에가 맥주로는 '킹왕짱' 국가이고, 나를 비롯한 맥덕들이 열광하다 못해 성지로까지 여기는 것이다. 이 얼마나 멋진 나라인가!

독일의 맥주 순수령, 라인하이츠게봇

앞서서도 간단히 언급했지만, 사람들이 독일을 맥주의 나라로 인식하는 데에는 라인하이츠게봇Reinheitsgebot, 즉 맥주 순수령이 큰 역할을 하고 있다. 맥주를 만드는 데에는 오직 물과 보리, 홉만을 써야 한다는 법령이다. 덕분에 환각 버섯, 이름 모를 독초 같은 이상한 재료들을 쓴 맥주들이 사라졌으며, 독일의 양조가들은 한정된 재료 안에서 열심히 노력한 끝에 오늘날 뛰어난 품질의 맥주들을 만들어 내고 있다. 그런데 맥주 순수령의 진실은 따로 있다. 이 법령은 뛰어난 품질의 맥주를 만들기 위해 나온 것이 아니었다.

맥주 순수령은 1516년 4월 23일, 당시 바이에른의 대공이었던 빌헬름 4세Wilhelm IV가 선포하면서 부터 시작되었다. 당시 남부 독일은 밀을 사용해서 만든 맥주인 바이젠Weizen이 큰 인기였다. 오늘날에도 파울라너Paulaner나 에딩거Erdinger 등으로 많은 인기를 얻고 있는 스타일이지만 당시에는 더 심했던 모양이다. 어느 정도였냐면 밀의 수확량은 한정되어 있는데 이를 확보하기 위해서 양조업자와 제빵업자가 경쟁을 벌이는 그림이 매년 나왔던 것. 술과 주식(主食)이 경쟁하는 그런 아름다운(?) 그림이 펼쳐졌던 것이다. 결국 이런 말도 안 되는 상황을 타개하기 위해 빌헬름 4세가 나섰고, 밀은 제빵으로, 제빵에 쓰기는 어려운 보리는 맥주로 교통정리를 함으로써 오늘날 우리가 잘 아는 맥주 순수령이 선포된 것이다. 이후의 전개가 재미있는데, 빌헬름 4세에 이어 바이에른의 대공에 오른 빌헬름 5세는 그렇게 맛있던 바이젠을 못 마신다는 게 영 섭섭했던지 자신의 부친이 만든 순수령에 예외조항을 두고는 자신의 궁정 양조장에서만 바이젠을 계속 만들어 마셨다. 바로 이 양조장이 오늘날 뮌헨을 가면 사람들이 꼭 들른다는 그 호프브로이하우스Hofbräuhaus이다.

한편 이 맥주 순수령은 조금씩 주변 도시들로 퍼져나가기 시작하더니 1871년 철혈 재상 비스마르크의 독일 통일을 기점으로 전국에 적용되었다. 이리하여 독일 전역의 다양한 맥주 스타일들 중 상당수가 사라지게 된다. 비록 중간에 밀을 비롯한 몇 가지 예외들이 추가되고, 1993년에는 새로운 법령으로 대체되면서 역사 속으로 사라지게 되지만, 여하건 이 법령이 독일 맥주 회사들의 마케팅 수단일지언정 맥덕후들에게는 독일을 재미 없는 나라로 만든 원흉이라 할 수 있다.

토막 이야기_ 맥주에 관한 짧은 역사

서구 역사에서 맥주는 오랫동안 많은 역할을 해 왔다. 기독교 성인들의 예에서 알수 있듯이 때로 맥주는 안전한 식수원이었으며, "액체 빵"이라는 이름에서 알수 있듯이 때로는 중요한 영양원이었다. 하지만 무엇보다 맥주가 담당했던 가장 큰 역할은 바로 윤활유 역할일 것이다. 거부감 없이 연거푸 들이킬 수 있는 낮은 알코올 도수, 와인이나 위스키에 비해 저렴한 가격은 사람과 사람 사이에 긴장을 해소하고 이들 사이를 보다 친밀하게 해 주는 사회적 윤활유로 작용하기에 충분한 것이었다. 그런데 이런 맥주는 언제 어디서 나타나서 어떻게 지금에 이르게 된 것일까.

맥주의 출현은 일반적으로 기원전 10,000년에서 9,000년 사이 신석기 시대, 지금의 쿠르디스탄 지역에 농경이 시작되면서로 보고 있다. 우연히 발견한 풀을 주식으로 삼은 이들은 좋은 품종이 있으면 이들의 종자를 거뒀다 다음 해에 뿌림으로써 농경을 시작했고, 곧 다양한 씨앗들을 심고 재배를 반복함으로써 기초적인 품종개량을 시작했다. 하지만 이들이 어쩌다 맥주를 '발견해'냈는지는 불명확하다. 그냥 포도를 담아두기만 해도 술이 되는 와인과 달리, 맥주는 추후에 설명할 몰팅malting과 매싱mashing이라는 복잡한 과정을 거쳐야 하기 때문이다. 추측하기로는 보관과 영양상의 이점을 위해 발아시켰던 것이 몰팅으로, 어쩌다 뜨거운 물을 넣었던 것이 당화가 되며 달콤한 물이 되는 매싱의 발견으로 이어지지 않았을까 생각할 뿐.

❖ 맥주의 분배에 관한 설명이 담긴 점토판

맥주에 관한 보다 자세한 기록은 메소포타미아 지역 최초의 문명이자 기록이 남아 있는 세계 최고(最古)의 문명인 수메르 문명에서 등장한다. 이들은 그야말로 맥주에 '미친' 사람들이었는데 오죽하면 이들 언어로 맥주를 의미하는 단어인 카스kas의 뜻이 '입이 갈구하는'이었을까. 이 외에도 이들의 언어를 보면 양조에 쓰이는 장비들이나, 붉고 어둡고 검은 맥주들, (도수가)세고 약하고, 신선하고 숙성됐고 같은 맥주와 관련된 다양한 어휘들이 존재하는 것을 볼 수 있다. 이들 문명에서 맥주의 양조와 판매는 주로 여성들이 담당했는데, 이는 이들의 신화 속 맥주를 담당하는 신인 닌카시 Ninkasi가 여신임을 볼 때 그리 놀라운 일도 아니다. 심지어는 이 닌카시에게 바치는 찬가가 있는데 여기에 당시의 양조법이 나와 있을 정도다. 여하건 이 찬가에 따르면 이 시대에는 몰팅된 보리를 갈아서 빵을 구운 다음 뜨거운 물을 부어 맥즙을 만들고 양조를 하였다고 한다. 이 외에도 맥주를 마시고 즐기는 축제가 있는 등, 맥주와 관련해서는 가장 찬란한 기록이 남아있는 문명이다.

바빌로니아 문명에 이르면 맥주는 그 입지가 많이 줄어들게 된다. 다양한 민족들로 구성되었던 이 문명에서 대부분의 민족들은 여전히 맥주를 즐겼던 것으로 보이나, 정작 성경에서는 맥주가 언급되지 않고 다만 어떤 술인지 불명확한 쉐카르shekar가 종종 언급될 뿐이다. 하지만 근처(?)인 이집트 문명에서는 대우가 확 달라지는데, 이 문명에서는 맥주 양조가 거의 산업 수준으로 대규모로 이루어졌으며, 각종 설화와 기록들을 통해 맥주가 언급된 구절을 어렵지 않게 찾아볼 수 있다. 분노하여 사람을 죽이고 피를 빨아먹는 여신 세크메트Sekhmet를 속이려고 붉은 맥주를 만들어 바친다는 이야기는 얼마나 유쾌한가.

그리스 문명에서는 맥주가 그리 큰 역할을 하지 못했다. 하지만 몇 가지 사례에서 그 자취를 느낄 수 있는데, 오늘날 와인의 신으로 알려진 디오니소스는 사실 타 문명 속 맥주의 신을 가져와 그리스 식으로 해석한 것이다. 터키에서 발굴된, 신화 속에서는 만지는 것마다 뭐든 황금이 된다는 '황금의 손' 전설로 유명한 미다스 왕의 무덤 속에서도 맥주의 흔적이 발견되었다. 재미있는 것은 이 흔적을 분석하여 당시의 맥주를 복원해 냈다는 것. 도그피시 헤드 양조장Dogfish Head Brewery의 미다스 터치Midas Touch가 바로 그 맥주로, 당시의 맥주 흔적을 따라 보리와 포도, 꿀을 사용했다.

✤ 헤더 꽃

로마 문명에 와서도 맥주는 거의 등장하지 않는데, 그도 그럴 것이 그리스와 로마 문명 모두 유럽 남부에 위치했기 때문. 기후에 따라 재배되는 작물이 달라지고 이에 따라 주로 소비하는 술이 달라지는 알코올 벨트의 정확한 예인 셈이다. 한편 알코올 벨트에서 비어벨트에 속하는 브리튼에서는 켈트족Celts 이전의 원주민이었던 피트족Picts이 헤더heather 꽃을 이용한 맥주를 만들어 마시곤 했으며, 기원후 0년 즈음에는 나무로 만든 배럴, 즉 오크통이 등장하여 맥주 보관에 새로운 방법이 제시된다.

중세로 들어서며 맥주는 주로 에일와이프alewives로 불리는 여성이나 수도원에서 양조되었다. 상업을 목적으로 하는 전문 양조장이 등장하여 발달하는 것은 좀 더 훗날의 이야기. 이 시대, 적어도 기원후 1000년 까지는 맥주에 홉이 사용되지 않는데, 홉을 대신해 사용된 것이 바로 허브들을 조합한 그루이트gruit이다. 이 그루이트는 그 제작 방법을 비밀에 부치고 교회나 기타 행정 기관에서만 제작, 판매함으로써 이들의 주요한 수입원이 되었다고 한다. 오늘날 이 그루이트를 사용한 맥주는 뒤에서 언급할 브뤼헤에서 맛볼 수 있다.

그루이트를 거쳐 맥주에 홉이 사용되게 된 것은 1000년경. 독일의 무역 동맹인 한자 Hansa동맹의 수반 도시 브레멘Bremen에서 시작되었다. 이렇게 맥주에 홉이 쓰이게 된 것은 사실 세금 등으로 인해 가격이 비싼 그루이트를 피해보려 했던 것. 하지만 맥주를 만들고 보니 맛이 좋을뿐더러, 홉에 들어있는 방부 성분이 맥주의 보관 기간을 늘려준다는 것이 알려지며 곧 유럽 전역으로 홉을 이용한 양조법이 퍼지게 된다. 1300년경에는 유럽 대부분의 지역에서 맥주에 홉을 쓰기 시작했으며, 수입 등의 문제로 '악마의 풀'이니 뭐니 해가며 홉을 거부하던 영국도 결국 1500년경에는 완전히 받아들이게 된다.

한편 산업혁명과 과학기술의 발달은 맥주에 있어서도 변화의 바람을 가져왔다. 몰트 제조 기술의 발달은 새롭고 저렴한 몰트들을 등장시켰으며, 이에 힘입어 1700년경 영국에서 탄생한 포터porter라는 스타일은 선풍적인 인기를 끌며 산업혁명이 더해져 산업화된 대형 양조장들을 탄생시켰다. 1800

년경에는 효모의 분리 배양과 냉장 기술의 등장으로 보다 깔끔한 맥주 양조가 가능해졌고, 계속된 몰트 제조 기술의 발달로 황금빛의 라거 맥주가 대량으로 생산되어 유럽 전역을 뒤덮기 시작했다. 또한 각종 계측장비들의 등장은 맥주 양조를 '감'의 영역에서 과학의 영역으로 끌어오는데 기여했다.

하지만 이러한 시대의 변화가 항상 진보만을 가져온 것은 아니었다. 1871년 바이에른이 독일 연방으로 편입되며 시행된 맥주 순수령Reinheitsgebot은 곧 독일 전역으로 강제되며 그때까지 남아있던 다양한 맥주 스타일들을 멸종시키는 결과를 가져온다. 또한 두 번의 세계 대전은 유럽 전역의 수많은 양조장들을 해체하거나 파괴하였으며, 신학

적 이유와 반독일 정서로 등장한 미국의 금주령은 독일인들을 비롯하여 다양한 이민자들이 구축한 맥주 문화를 무너뜨리는데 크게 기여했다. 황금빛 라거의 등장도 새로운 스타일의 등장이라는 점에서는 긍정적일지 모르나 이 스타일이 전 세계를 휩쓸며 상당수의 맥주 스타일들을 멸종 위기로 몰아넣었기에 마냥 긍정적으로 볼 수만은 없다.

오늘날 맥주는 수메르 문명 이후로. 아니 어쩌면 유례없는 부흥기를 맞이하고 있다. 미국을 중심으로 시작된 크래프트 맥주 혁명이 그것이다. 다양성을 최대 무기로 하는 이 혁명은 이른바 '아메리칸'을 위시한 새로운 스타일들을 창조하는 것은 물론이고, 벨기에를 기점으로 유럽의 다양한 전통 맥주 스타일들에 대한 발굴. 심지어는 과거 맥주 순수령 등의 이유로 멸종되었던 스타일을 복원해내는 단계에까지 이르고 있다. 이 중에서 가장 크게 주목받고 있는 것이 바로 벨기에 맥주들. 어떤 맥주들이 어떻게 조명 받고 있는지. 차차 같이 살펴보도록 하자.

❖ 맥주에 홉을 사용한 최초의
기록을 남긴 수녀
헬데가드Hildegard

벨기에를 대표하는 맥주 스타일

앞서 설명했듯 벨기에에는 수없이 많은 종류의 맥주들이 있다. 우리로 치면 경상도만한 크기의 나라에 크고 작은 양조장들이 180여 곳이 넘으며, 이 양조장들에서 생산되는 맥주의 스타일은 크게 잡아서는 12가지, 세세하게 나누면 60여 가지로 생산되는 맥주의 수만 1,000여 종에 달한다. 이렇게 다양한 종류의 벨기에 맥주들은 일상 속에서 언제든 마실 수 있는데, 가령 예를 들어 목이 타는 듯한 갈증이나 식사하기 전 입맛을 돋워줄 식전주로는 프룻 람빅Fruit Lambic을 마시면 좋고, 잠들기 전 나이트캡으로는 12도에 달하는 쿼드루펠Qudarupel을 마실 수 있다. 연인과 함께 분위기 잡을 때는 어떤가. 달콤하면서도 와인처럼 복잡한 플란더스 레드Flanders Red나 샴페인보다도 우아한 비에르 드 샹파뉴Bière de Champagne를 즐길 수 있다.

여기에서는 60여 가지에 이르는 벨기에 맥주의 스타일들을 모두 소개하지는 않을 것이다. 사실 벨기에 맥주들은 스타일간 구분을 엄격히 하기 어려울 정도로 느슨한 특징을 가진 게 많기 때문. 따라서 몇 가지 스타일들을 묶어 굵직하게 구분해 보았다. 일부 스타일들은 여기서 제외해 두었는데 이는 뒤의 각 도시를 대표하는 맥주에서 보다 자세히 설명할 것이다.

ISSUE 01. 윗비어

윗비어Witbier야 말로 우리나라 사람들에게 가장 친숙한 벨기에 맥주일 것이다. 주변에서 쉽게 찾아볼 수 있고 많이들 마시는 호가든Hoegaarden, 제대로 된 발음으로는 후하르던이 바로 이 스타일이기 때문이다.

사실 후하르던은 벨기에의 한 마을 이름이면서도 윗비어를 일컫는 또 다른 대명사라고 해도 과언이 아닌데, 여기에는 윗비어가 한때 멸종됐었다는 이야기가 있다. 본디 윗비어는 후하르던이라는 작은 마을에서 주로 양조되었고, 한때는 이 마을을 먹여 살릴 정도였으나 결국 사라지고 만다. 그런데 이것을 그리워하던, 맥주와는 전혀 관련 없이 낙농업에 종사하던 피에르 셀리스Pierre Celis라는 양조가가 다시 부활시키며 자신의 마을 이름을 붙여 후하르던, 그러니까 우리식으로는 호가든을 내놓은 것이다.

밝으면서도 뿌연 색 덕분에 네덜란드어로 흰색을 뜻하는 wit이 이름에 붙은 이 스타일은 기본적인 맥주의 재료인 보리 말고도 밀과 네덜란드령 큐라소에서Curaçao에서 자란 오렌지 껍질, 코리앤더Coriander라고 불리는 고수의 씨앗을 사용해 그 특유의 상큼한 맛과 풍선껌스러운 맛을 낸다. 단, 우리나라에서 마시는 호가든은 벨기에가 아닌 국내의 맥주 회사에서 생산되는 제품으로, 기회가 된다면 꼭 벨기에에서 생산한 후하르던을 마셔보길 추천한다. 맥주를 잘 모르는 사람이라도 그 차이를 쉽게 느낄 수 있을 것이다.

> 도수 : 4.5 ~ 5.5% ABV / 색상 : ■창백한 노란색
> 추천 맥주 : 영원한 고전인 Hoegaarden,
> 　　　　　 개인적으로 최고의 윗비어로 꼽는 St. Bernardus Wit

ISSUE 02. 세종

우리나라의 농촌 풍경을 떠올릴 때 빠질 수 없는 것이 바로 막걸리이다. 주전자를 들고 막걸리 받으러 가는 아이의 모습이며 논밭에서 열심히 일하다 새참과 함께 막걸리 한 잔 들이키는 모습……. '농주'로써 막걸리는 오랫동안 사랑받아 왔다.

그런데 벨기에도 이 막걸리에 대응하는 맥주 스타일이 있다. 그것이 바로 세종Saison. 팜하우스 에일Farmhouse Ale, 즉 농장 맥주라고도 불리는 이 스타일은 본디 왈롱Wallon 지방에서 소비되던 맥주로, 가을이나 겨울에 양조되어 이듬해 여름날 일꾼들이 마시던 맥주였다. 당시에는 일꾼들이 이 맥주를 마시고 취해버리기라도 하면 곤란했기에 3에서 3.5도 정도의 낮은 도수로 빚어졌다. 즉, 사실 특별한 맥주 스타일이 아니고 당시 '왈롱 지방에서 여름날 일꾼들이 마시던 낮은 도수의 맥주'가 바로 세종인 것. 프랑스어로 계절을 뜻하는 saison이란 이름도 여기서 유래되었다. 여름철에 마신다고.

이 세종 역시 한때는 멸종의 위기에 처했었으나, 항상 진보를 추구하는 벨기에 양조가들에 의해 부활, 재해석되고 있다. 오늘날의 세종은 과거에 비해 보다 높은 도수로 나오고 있으며, 단순히 곡물과 홉을 넣는 것에 그치지 않고 더 나아가 향신료나 과일 같은 독특한 재료를 넣어 새롭게 해석한 세종들도 나오고 있다. 내가 이번 여행에서 집중적으로 마셨던 스타일로, 다른 벨기에 맥주들에 비해 비교적 도수가 낮으면서도 벨기에 효모가 주는 여러 가지 캐릭터들을 만끽할 수 있다.

> 도수 : 3.5 ~ 9.5% ABV(다양함) / 색상 : 다양함
> 추천 맥주 : 역시 세종의 고전인 Saison Dupont,
>   세종 효모의 진수를 맛보고 싶다면
>   Avec Les Bons Vœux de la Brasserie Dupont

ISSUE 03. 플란더스 레드 / 플란더스 브라운

와인과 맥주는 분명 다른 술이지만 그럼에도 비교를 하는 경우가 꼭 있기 마련이다. 그렇다면 가장 와인 같은 맥주는 무엇일까? 여러 가지 의견이 나오겠지만 나는 이 플란더스 레드Flanders Red를 꼽고 싶다.

사실 플란더스 레드는 람빅Lambic과 닮은 점이 많다. 오랜 발효 기간을 거치는 것도 그렇고 신맛이 난다는 점, 오크통을 이용한다는 점이 그렇다. 하지만 잔에 따르는 순간부터는 람빅보다 와인과 더욱 닮았다. 색이 밝은 편인 람빅이나 구즈Gueuze와 달리 플란더스 레드는 그 이름에서도 알 수 있듯 정말로 와인인 양 붉은 색조를 띤다. 입으로 옮기는 순간 그 인상은 더욱 비슷해진다. 풍부하게 느껴지는 자두, 라즈베리, 포도와 같은 어두운 색 과일의 복잡한 풍미, 종류에 따라 다르긴 해도 드라이한 바디감, 섬세한 산미, 탄닌이 주는 떫은맛 까지. 만드는 과정에 정말로 과일을 넣지 않았는지 의심스러울 지경이다.

한편 오드 브륀Oud Bruin으로도 불리는 플란더스 브라운Flanders Brown은 플란더스 레드와 비교했을 때 큰 구분 점은 없지만, 전반적으로 색이 조금 더 짙은 편이며, 플란더스 레드보다는 전체적인 맛이 약하면서도 곡물이 주는 달콤한 맛이 보다 강한 편이다. 또한 프룻 람빅Fruit Lambic처럼 과일을 넣는 맥주의 베이스가 되기도 한다. 두 스타일 모두 신맛이 메인이 되는 몇 안 되는 맥주 스타일 중 하나기 때문에 차후에 소개할 람빅과 함께 맥덕후들 중에서도 하드코어 맥덕들의 주목을 받고 있다.

도수 : 4.6 ~ 6.5% ABV(플란더스 레드), 4.0 ~ 8.0% ABV(플란더스 브라운)
색상 : ■암적색(플란더스 레드), ■암갈색(플란더스 브라운)
추천 맥주 : 맥주를 좋아하던 싫어하던 반드시 마셔봐야 할 Duchesse de Bourgogne,
　　　　　 플란더스 레드의 고전 Rodenbach Grand Cru

ISSUE 04. 벨지안 골든 스트롱

이 스타일은 단 한마디의 말로 정리가 가능하다. "악마의 맥주."

필스너Pilsner 스타일의 기원이 바로 체코 플젠의 필스너 우르켈Pilsner Urquell이라면 이 스타일의 기원은 바로 두블Duvel이다. 이 이름에는 나름의 사연이 있는데, 이 스타일이 막 만들어졌을 때 당시 일하던 양조가가 어떤가 싶어 한 잔 마셔보고는 "이것은 악마의 맥주다"라고 말했다는 것이다. 믿거나 말거나이지만, 아무튼 이러한 연유로 이 맥주에는 악마를 뜻하는 두블이라는 이름이 붙었고, 이후 다른 양조장들에서 유사한 맥주를 만들면서 이름까지 그와 유사한 사탄숭배(?)스러운 이름을 붙이는 바람에 이 스타일은 악마의 맥주로 완전히 자리매김하고 말았다.

1차 대전이 끝나고 등장한 이 맥주는 새로운 스타일을 개발하려는 벨기에 양조가들의 끊임없는 노력을 그대로 보여준다. 잔에 따라놓고 보면 노란 색깔이 그저 평범한 페일 라거Pale Lager로 보이지, 다른 맥주 같지는 않다. 그러나 마셔보면 진한 꽃향기와 드라이하다 못해 스파이시spicy하게 느껴지는 맛, 8.5도의 강력함에 과연 정말로 악마다 싶은 생각이 절로 든다. 처음 마실 때는 소맥을 마시는 것 같이 이게 도대체 뭐가 맛있다고 사람들이 그렇게 마셔대나 싶은 생각이 들지만 일단 한번 적응이 되면 없어서 못 마시는 맥주. 우리나라의 수입 판매가가 착한 것으로도 유명한 맥주이기도 하다.

도수 : 7.5 ~ 10.5% ABV / 색상 : ■밝은 노란색
추천 맥주 : 고전이자 최고인 Duvel,
　　　　　　요즘 대세 코끼리 맥주 Delirium Tremens

ISSUE 05. 비에르 드 샹파뉴

앞서 플란더스 레드를 와인에 가까운 맥주로 언급한 바 있다. 그렇다면 샴페인에 가까운 맥주는 없을까? 당연히 있다. 그것이 바로 비에르 드 샹파뉴Bière de Champagne이다.

비에르 브루트Bière Brut라고도 불리는 비에르 드 샹파뉴는 비교적 최근에 등장한 스타일이다. 2000년대 초반 벨기에의 뷔헨하우트Buggenhout라는 작은 마을에 위치한 두 라이벌 양조장에서 탄생한 이 스타일은 단순히 맥주 자체만 샴페인을 닮은 것이 아니라 아예 양조 방식을 그대로 가져왔다. 이들 맥주는 먼저 맥주 효모로 한번 발효를 거친 다음 샴페인 효모를 넣고 병에 들어가게 된다. 그런 다음 실제 샴페인이 만들어지는 샹파뉴Champagne 지방으로 옮겨 그곳의 동굴에서 숙성을 거친 뒤, 천천히 병을 돌려 효모 찌꺼기를 병목에 모으는 르뮈아쥬remuage, 급속 냉각 후 병뚜껑을 열어 찌꺼기를 제거하는 데고르쥬망dégorgement 공정을 거치게 된다. 물론 실제로 샴페인 지방으로 옮겨 샴페인의 공정을 그대로 거치는 비에르 드 샹파뉴는 이 스타일 중에서도 일부 최고급 제품들에 불과하지만, 그럼에도 이쯤 되면 이 스타일이 얼마나 샴페인과 닮았는지 감이 오리라.

자연히 이 맥주들은 그 가격도 꽤나 비싼 편인데, 그래도 본토에서는 10유로 중반대에서 큰 병을 구매할 수 있다. 나는 운 좋게도 샴페인의 공정을 완전히 거친 이 스타일의 맥주를 한 잔 마셔볼 기회가 있었는데, 그 맛은 그야말로 '꿀'이었다. 여러 섬세한 맛들이 복잡하면서도 자연스레 어우러지며 그야말로 향기로운 꿀물 한잔을 마시는 듯한 느낌... 샴페인 맥주답게 탄산의 질감도 우아했던, 너무나도 맛있는 맥주였다. 국내에서는 웬만한 샴페인보다 비싼 가격에 팔리니 해외에서 기회가 있을 때 꼭 접해보시길.

> 도수 : 10.0 ~ 14.0% ABV / 색깔 : ■밝은 노란색
> 추천 맥주 : 우리나라에서 샴페인보다도 비싸다는 DeuS,
>   나도 아직 맛보지 못한 Malheur Bière Brut

ISSUE 06. 누엘

연말연시, 우리 한국인들은 보통 여기저기 송년회 자리에서 소주를 마시기 마련이지만 유럽에서는 어떨까? 한번 상상해 보자. 벽난로와 크리스마스 트리가 있는 풍경 속에서 따뜻하게 불을 쬐며 가족끼리 오붓하게 모여 두런두런 이야기를 나누는, 그런 풍경이 나오지 않을까? 여기에 몸을 따뜻하게 데워주는 살짝 높은 도수의 특별한 맥주를 마시면서.

앞의 내용은 동화 속에나 존재할지 모르겠지만, 뒤의 내용은 정말로 실존한다. 바로 누엘Noël 또는 크리스마스 비어Christmas Beer로 불리는 맥주가 그것이다. 사실 이런 겨울 맥주는 벨기에에만 존재하는 것은 아니다. 맥주에 관한 오랜 역사를 가진 국가들이라면 대부분 겨울철을 위한 짙은 색깔과 높은 도수의 맥주들을 만들어왔다. 영국의 임페리얼 스타우트 Imperial Stout나 독일의 도펠복Doppelbock이 바로 그 예이다. 하지만 물론(?) 벨기에의 겨울 맥주는 좀 더 특별하다. 누가 맥주 순수령에 영향 받지 않는 나라라고 안 할까봐, 두블Dubbel이나 트리플Tripel 같은 벨지안 스트롱Belgian Strong 계열의 원판에다가 향신료를 넣은 것이다. 이때 들어가는 향신료는 시나몬이나 넛맥, 생강과 같이 겨울철 요리에 자주 들어가는 재료들이 주를 이루는데, 물론 창의성을 발휘해 이런 전형적인 향신료 말고도 오렌지 껍질이라든지, 꿀이나 당밀 같은 재료가 추가로 들어가기도 한다.

대부분 겨울철 한정으로 생산되는 이 스타일은 누가 겨울 맥주 아니랄까봐 진한 색에 높은 도수, 대게 7도가 넘어가는 도수를 자랑하면서 기본적으로는 단맛과 벨기에 효모가 만들어내는 스파이시함에 시나몬과 같은 여러 향신료 특유의 맛이 함께 어우러진다. 스타일 이름 그대로 추운 겨울날 마시면 딱 좋을 맥주. 국내에도 몇 가지가 크리스마스 시즌에 맞춰 판매되니 꼭 한번 접해보자.

도수 : 6.0% ~ 8.5% ABV / 색깔 : ■암갈색
추천 맥주 : 누엘의 상징과도 같은 Bush De Noël,
　　　　　난장이들의 크리스마스 N'Ice Chouffe

에일과 라거

흐히들 맥주를 이야기할 때 에일Ale과 라거Lager라는 단어를 많이 사용한다. 나 역시 앞서 황금빛 라거라는 말을 많이도 언급했다. 그렇다면 도대체 에일과 라거는 뭘 가리키는 말일까?

정답은 바로 맥주의 발효 방식이다. 이 세상에는 수없이 많은 맥주 스타일들이 존재하지만 이들은 단 두 가지 방식으로 발효되고 분류된다. 상면발효의 에일과 하면발효의 라거. 맥주의 발효에 관여하는 효모의 종류가 이 차이를 만드는 것이다.

태초에 맥주는 모두 에일이었다. 그도 그럴 것이, 라거 효모가 저온에서 활동하는 반면, 에일 효모는 상온, 즉 20℃ 가량에서 활동하기 때문이다. 당시 냉장 시설 같은 게 있었을 리 없으니 사람들은 그저 실온에서 맥주를 만들었고, 효모는 맥주 표면에 떠서 거품을 일으키며 술을 빚어냈다. 이것이 에일이다.

그러다보니 라거는 조금 늦게 출현했다. 독일어로 '저장'을 의미하는 라거는 에일과는 달리 보다 시원한 10℃ 가량에서 발효하며, 맥주 표면이 아닌 맥주 바닥에서 효모가 활동하는 것이 특징이다. 기록에 의한 언급은 15세기가 최초로 당시 독일 남부에서는 맥주를 보다 시원한 동굴이나 땅굴에 저장하는 것이 일반적이었는데 이 과정에서 라거가 발견되었다고 전해져 온다. 그러나 이때부터 라거가 인기를 끌었던 것은 아니다. 보다 널리 알려진 것은 과학기술의 발전으로 냉장 설비가 보급되고, 특히 황금빛 맥주가 만들어지기 시작하는 19세기의 일. 이때부터 황금빛의 라거가 전 세계를 뒤덮기 시작한다.

흐히들 에일은 맛이 진하고, 라거는 맛이 가볍다고들 한다. 또 에일은 색이 진하고, 라거는 색이 밝다고들 한다. 모두 틀린 말이다. 맛이 진하고 가볍고는 그저 들어가는 재료의 종류와 양의 차이에 불과하다. 에일을 가볍게 만들 수도 있고, 라거를 진하게 만들 수도 있다. 색깔 역시 마찬가지다. 이는 그저 어떤 색의 몰트를 넣었느냐에 달렸을 뿐이다. 에일을 밝은 노란색으로 만들 수 있고, 라거를 속이 비치지 않는 검은 색으로 만들 수 있다. 다만 평균적으로 보았을 때 에일은 조금 더 맛과 색이 진하고, 라거는 조금 더 맛과 색이 가벼운 '경향'만이 있을 뿐이다.

그러니 맥주를 이야기 할 때 에일이냐 라거냐는 큰 의미가 없다는 사실. 그보다는 '필스너냐, 페일 에일이냐'와 같이 맥주 스타일을 언급하는 것이 바람직하다.

ales

lagers

토막 이야기_ 벨기에 양조가들의 열정, 피에르 셀리스

많은 사람들이 사랑해 마지않는 호가든. 앞에서도 잠깐 언급한 바 있으나 이 호가든의 원형이 되는 스타일인 윗비어는 한때 멸종을 겪었다. 그리고 그 부활에는 바로 이 사람, 피에르 셀리스가 있다.

옛날 옛적... 은 아니고 50여 년 전, 벨기에의 후하르던이라는 작은 마을에 피에르 셀리스라는 소년이 살았다. 집안이 대대로 낙농업에 종사했기에 그 역시 어릴 적부터 우유를 배달하며 집안일을 도왔다. 그러다 시간이 남으면 집 앞에 있던 톰신Tomsin 양조장에 가서 일을 좀 돕기도 하고. 그렇게 그는 '플란더스의 개'에서나 볼법한 목가적인 삶을 살아왔다. 그가 마음을 먹기 전까지는.

1957년, 최후의 윗비어 양조장이었던 톰신 양조장이 결국 문을 닫고 만다. 과거 세계 대전의 여파와 황금빛 라거 맥주의 공세 앞에서 윗비어가 버티기에는 너무나도 힘이 들었던 것. 결국 이리하여 윗비어라는 스타일은 세상에서 멸종하고 만다. 많은 사람들이 아쉬워했지만 어쩌겠는가, 그것이 시장의 선택인데 그저 아쉬움을 곱씹을 수밖에는. 하지만 어릴 적의 추억이 남아있던 곳이라 그랬을까, 그 소식이 셀리스에게는 남달랐던 모양이다. 1965년, 불혹의 나이에 접어든 셀리스는 자신의 기억을 더듬어 윗비어를 다시금 양조하기 시작한다. 그리고는 1966년 3월 16일, 마침내 자신의 이름을 딴 셀리스 양조장Brouwerij Celis를 오픈하고는 마을 이름을 붙인 후하르던, 그러니까 호가든 맥주를 세상에 내놓았다.

아무래도 윗비어를 그리워했던 사람은 그뿐만이 아니었던 것일까. 그가 새롭게 선보인 후하르던은 곧 마을을 평정하더니 벨기에 전역으로, 전 세계로 퍼져나가기 시작한다. 이렇게 사업은 승승장구하여 양조장 설립 단 12년 만에 생산량이 6배로 증가, 1975년에는 머나먼 신대륙인 미국에도 수출이 시작된다. 이렇게 한때 마을을 먹여 살리던 윗비어는 후하르던의 이름 아래 다시금 부활 찬가를 불러 나갔다. 그 일이 있기 전까지는.

1978년 그는 마을에 있던 드 클라우스De Kluis 음료 공장을 매입하여 양조장으로 새로이 오픈했다. 윗비어의 인기가 워낙 좋은 나머지 여기저기서 따라 만들기 시작했기에 공격적인 투자가 필요했던 시점. 하지만 이렇게 구입한지 얼마 안 된 양조장은 1985년 화재로 전소하고 말았다. 당연히 양조장을 다시 짓고 복구에 나서야겠지만 예산 부족. 보험에 들어 있긴 했지만 그 보상금으로는 턱도 없었다. 결국 그는 거대 양조그룹 인베브ABInBev의 전신이 되는 스텔라 아르투와Stella Artois에 지분 45%를 조건으로 투자를 받아들였고, 결국 이것이 모든 일의 원인이 되고 만다. 곧 인베브와 투자자들이 원가 절감을 요구하며 양조에 간섭을 시작한 것. 자존심 강한 벨기에 양조가에겐 있을 수 없는 일이었다. 그는 이러한 요구에 강력히 반발하고 나

서지만. 문제는 이들의 계속된 요구에 저항하기에 셀리스는 너무 늙었다는 것. 결국 1990년, 65세의 셀리스는 자신의 지분 전부를 스텔라 아르투와에 매각하고 사업을 정리해버리고 만다.

이리하여 피에르 셀리스는 행복하게 잘 살았습니다. 였으면 좋으련만. 그는 어쩔 수 없는 뼛속까지 열정적인 벨기에 양조가였다. 1992년, 그는 과거 미국 수출 당시 인연이 되어 들른 적이 있는 미국 택사스로 옮겨가 다시 한 번 셀리스 양조장Celis Brewery을 설립. 어김없이 대박을 터트렸다. 이번에는 사업이 더욱 잘 굴러가서 단 5년 만에 생산량이 7배로 증가하는 등 더 큰 대박을 터트리는가 싶었다. 그러나 운명이었을까. 이번에는 셀리스 양조장에 투자했던 투자사가 사정 악화로 셀리스 브루어리 지분의 45%를 밀러Miller에 매각하게 되고, 곧 경영권을 잡은 밀러는 인베브가 그랬듯 양조 과정에 간섭하기 시작했다. 주변에서 들려오는 맥주 맛이 나빠졌다는 평들... 결국 2000년 셀리스는 자신의 지분을 전부 매각하고 75세의 나이로 은퇴한다.

이리하여 윗비어의 전설은 쓸쓸히 퇴장하는가 했는데. 누가 벨기에 양조가 아니랄까봐. 그의 열정을 누가 말리겠는가. 일선에서 물러난 그는 나이가 나이인지라 양조장을 다시 차리진 않았지만 대신 전 세계의 양조장들을 돌아다니며 자신의 노하우 전수에 주력했다. 그렇게 우리 곁에 남은 그의 유작이 신트 베르나뒤스 윗St. Bernadus Wit. 말년에 암으로 투병하던 그는 2011년 4월 9일 그 불꽃같던 삶을 마감했다. 이 위대한 양조가는 우리 곁을 떠났지만. 그의 정신은 우리 곁에 한잔의 맥주로 영원히 남아 있으리라.

ABInBev

안호이저 부시Anheuser Busch, 인터브루InterBrew, 암베브AmBev의 세 곳이 합쳐져 만들어진 세계 최대의 국제 거대 양조 그룹. 2위인 사브밀러SabMiller와 어마어마한 격차를 두고 있다. 산하에 수많은 양조장들을 거느리고 있으며, 조금 괜찮다 싶은 양조장은 모두 인수해 버리는 것으로 악명이 높다. 최근에는 크래프트 양조장들도 인수하고 나서 더욱 악명을 떨치고 있다.

벨기에에
마시러 가자

브뤼셀

브뤼셀을 대표하는 람빅

벨기에의 수도이자 유럽 연합의 수도인 브뤼셀. 인구 백만의, 비교적 작은 도시인 브뤼셀은 우리에게 그랑 플라스Grand Place와 세계 3대 실망거리에 들어간다는 오줌싸개 동상으로 잘 알려져 있다. 그렇다면 이곳을 대표하는 맥주는 무엇일까?

여러 가지가 있겠지만 나는 람빅Lambic을 들고 싶다. 람빅의 가장 큰 특징은 바로 인위적으로 추가한 효모에 의한 것이 아닌 공기 중에 떠다니는 야생균들이 발효해낸 맥주라는 것. 그것도 아무 공기(?)나 람빅을 만들 수 있는 것은 아니다. 브뤼셀을 가로지르는, 센Zenne 강 유역의 공기 속 균들이 관여할 때 비로소 람빅이 만들어지는 것이다. 대표적인 균이 Brettanomyces Bruxellensis와 Brettanomyces Lambicus. 이름에 아예 대놓고 브뤼셀과 람빅이 적혀 있으니 이 지역이 얼마나 특별한지는 다들 감이 오시리라. 이 두 균 말고도 200여 가지가 넘는 다양한 균들이 관여할 때 비로소 람빅이 탄생하는 것이다.

이러한 람빅은 그 재료도 특이하다. 먼저 생밀. 보통 맥주를 만들 때는 곡물을 몰트malt로 만들어 사용한다. 싹을 틔우고 말리고 열을 가하는 과정을 통해 곡물 속에 존재하는 당화 효소들을 활성시키고 곡물의 맛과 색을 결정하는 것이다. 그러나 람빅은 보리 몰트에다가 일반적으로는 잘 쓰이지 않는 생밀을 더함으로써 특유의 색과 풍미를 연출한다.

특이한 것은 곡물뿐만이 아니다. 홉 역시 특이한데, 여타의 맥주 스타일들은 홉의 맛과 향이 큰 역할을 하기에 그 신선도를 중요시하는 반면 람빅은 신선도를 일부러 죽인, 대략 2년가량 묵힌 홉을 사용한다. 홉의 역할에는 그 맛과 향을 부여하는 것 외에도 부수적으로 맥주가 상하지 않도록 하는 방부 효과도 있는데, 람빅 양조가들은 의도적으로 홉을 묵힘으로써 맛과 향은 없애고 방부 효과만 얻는 것이다.

어디 재료만 특이하랴. 그 양조 과정도 특이하다. 여타 맥주들은 일단 워트wort가 완성되면 열교환기 등을 사용하여 급속히 식힌 다음 효모를 직접 투입한다. 그러나 람빅은 다르다. 앞서 설명한 '별난' 재료들로 만들어진 워트는 바람 솔솔 통하는 곳에 위치한 얇고

워트

몰트를 당화하여 나온 맥즙에다가 홉을 넣고 끓인 것. 이로써 인간이 과정하는 양조 과정은 끝이 난다고 할 수 있다. 이후 술이 만들어지기 까지는 효모의 몫. 물론 효모가 잘 발효하도록 관리해 주는 것은 인간의 몫이긴 하지만.

넓적한 모양의 쿨링 쉽cooling ship에 방치되어 하룻밤을 지새우게 된다. 바로 이 과정이 람빅 양조의 핵심이다. 밤새도록 천천히 식은 워트 위에는 공기 중의 야생 효모들이 자리를 잡게 되며, 이 '감염'된 워트는 다음날 아침 오크통으로 옮겨져 짧게는 6개월, 길게는 3년 혹은 그 이상을 발효와 숙성으로 보내게 된다.

이렇게 만들어진 람빅의 맛은 어떨까. 그 맛은 놀랍게도 시다. 탄산도 거의 없고, 마시는 온도도 그냥 상온이어서 전혀 맥주라는 생각이 들지 않는다. 이거 맥주가 아니라 식초 아닌가 싶을 정도이다. 하지만 혀에서 잘 굴려보면 마냥 신 것만은 아니다. 미간을 찡그리게 하는 시큼함을 일단 제외하고 나면 레몬 같이 날카로운 신맛, 복숭아, 자두를 연상케 하는 여러 가지 과일의 인상도 느껴진다. 처음에는 어떻게 이런 걸 마시나 싶지만 자꾸만 생각나고 점점 더 중독되어 가는 것이 람빅의 매력이다.

하지만 사실 나 같은 맥덕후들이나 중독되는 거지, 아무래도 일반인들 입맛에는 신맛에 거부감이 들 수밖에 없다. 그리고 그건 대부분의 벨기에 사람들에게도 마찬가지였나 보다. 그리하여 람빅의 신맛을 잡아보려는 몇 가지 노력이 있었고, 이는 곧 새로운 스타일의 창조로 이어졌다. 그 첫 번째는 구즈Gueuze. 이 녀석의 제조법은 간단하다. 2년 이상 묵은 장기 숙성 람빅과 6개월가량 묵은 미숙성 람빅을 블랜드 하여 병에 담는 것이다. 효모가 당을 완전히 소화해 버린 장기 숙성 람빅과는 달리 미숙성 람빅에는 아직 당이 남아있기 때문에 자연히 신맛도 부드러워지고, 병입 후 숙성 과정에서 발효가 계속되어 탄산도 생겨난다. 덕분에 맛을 보면 그냥 람빅보다는 덜 시면서 샴페인처럼 풍성한 탄산도 느껴지고, 무엇보다 맛이 더욱 풍성해져 훨씬 더 낫다

는 느낌이 든다. 실제로 양조장들도 대게 구즈를 내놓으면 내놓았지 람빅을 내놓는 경우는 별로 없으며, 람빅에 대한 이야기들도 조금만 살펴보면 사실은 구즈를 말하는 경우가 많다. 사실상 구즈가 람빅을 대표하고 있는 샘이다.

한편 이 구즈의 맛에는 원주가 되는 람빅의 품질도 중요하지만 이를 섞는 블랜더의 솜씨도 매우 중요하다. 같은 날 쿨링 쉽에서 나온 워트로 빚은 람빅도 오크통마다 맛이 조금씩 다르다고 하는데, 아예 몇 년씩 차이 나는 람빅을 섞어야 하니 오죽하랴. 그래서 벨기에에는 직접 람빅을 만들지 않고 다른 양조장에서 람빅을 구입하여 이를 블랜딩만 하는 블랜더들도 많다. 그리고 경우에 따라서는 이들이 양조장들 보다 더 높은 대우를 받기도 한다.

구즈의 다음은 프룻 람빅Fruit Lambic이다. 이름에서 쉽게 유추가 되듯, 프룻 람빅은 장기 숙성 람빅에다가 과일을 넣은 것이다. 체리를 넣으면 크릭Kriek, 라즈베리를 넣으면 프람부와제Framboise, 복숭아를 넣으면 페쉬Pêche. 이 외에도 살구, 자두, 블루베리, 심지어는 바나나에 이르기까지 다양한 과일들이 들어간다. 듣고 보면 새콤달콤할 것 같지만 꼭 그런 것만은 아니다. 람빅의 야생 효모가 과일의 당분까지 모두 소화하기 때문이다. 람빅의 신맛에 과일이 갖고 있는 고유의 풍미가 단맛만 제외한체 오롯이 느껴지는데, 잘 만든 프룻 람빅은 정말 남녀노소를 불문하고 누구나 좋아할 수밖에 없다. 과일 맛이 난다고 해서 편의점에서 흔히 볼 수 있는 RTD와 비교하면 안 된다.

이 두 가지 외에도 파로Faro라는 스타일도 존재하는데, 이는 람빅에 아예 설탕을 넣은 것이다. 전통적으로는 설탕을 미리 넣으면 람빅균이 먹을 것이 뻔하기에 맥주를 마시기 직전에 설탕을 넣었다고 하나, 현재는 과학기술의 발달에 힘입어 살균을 거친 람빅에 설탕을 넣어 주로 병의 형태로 판매되고 있다. 이 스타일은 당연히도 여타의 스타일들과는 달리 확실히 달다. 단맛이 신맛을 잡아주기에 먹기가 훨씬 더 편해진다. 하지만 개인적 취향에서는 영 아니라고 생각한다. 원래 신맛에 먹는 맥주이거늘, 단맛이 신맛을 잡으면서 니 맛도 내 맛도 아니다는 게 솔직한 나의 의견이다.

그런데 사실 지금까지 소개한 이러한 스타일들은 다시 한 번 트래디셔널 traditional과 스위튼드sweetened로 나뉜다. 단어에서 유추할 수 있듯 당분을

RTD

Ready-to-Drink의 준말. 편의점에서 흔히 볼 수 있는 KGB, 머드쉐이크 등이 여기에 해당한다. 간혹 이걸 맥주로 아는 사람들이 있는데, 이는 엄연히 알코팝alcopop이라는 장르로 오해하면 곤란하다.

추가하지 않은 전통적인 방식과 추가하는 가당 방식으로 나뉘는 것. 즉 한 번 신맛을 줄인 구즈나 프룻 람빅에 다시 한 번 당을 추가하는 것이다. 이 때 추가되는 당분은 아스파탐과 같은 비발효당으로 효모가 소화하는 일 없이 확실하게 단맛을 내도록 추가된다. 입맛은 개인 취향이기에 존중해야하고, 무엇보다 이런 맥주도 판매가 되니까 나오는 것이겠지만, 개인적인 의견에서는 이렇게까지 해야 하나 싶다. 무엇보다 이렇게 가당이 된 람빅은 맛이 없다. 이는 비단 나만의 의견은 아니어서 레이트비어ratebeer와 같은 맥주 평가 사이트에서도 낮은 점수를 주고 있다.

브뤼셀과 그 인근에서만 만들어지는 람빅은 명실상부하게 브뤼셀을 대표하는 맥주라 할 수 있다. 그러니 브뤼셀에 가면 꼭 분위기 좋은 펍에 가서 람빅 한 잔을 마셔보자. 그 특유의 신맛에 처음 시작은 미약할지라도, 그 끝은 중독이라는 창대(?)한 결과를 가져오리라.

STORY 02 깐띠용 양조장 *Belgium*

Rue Gheude 56 1070 Anderlecht

8월 22일, 코펜하겐에서 이틀간의 짧은 여정을 마친 나는 새벽부터 부산히 움직였다. 그도 그럴 것이 브뤼셀로 넘어가는 비행기를 오전 8시로 잡아뒀기 때문. 곤히 잠든 사람들을 깨우지 않도록 조심스럽게, 하지만 부리나케 움직여 겨우 체크아웃을 하고 공항으로 향할 수 있었다. 공항에 도착한 시간은 새벽 6시 반. 처음에는 조금 늦게 온 게 아닌가 싶어 걱정했는데 아침이라 그런지 체크인에 별다른 시간이 소요되지 않았다. 게다가 같은 EU권역이라 그런지 출국심사조차 없었다!

공항 의자에 앉아 하릴없이 기다리며 어제 사뒀던 과일과 샌드위치를 좀 먹다가 비행기 탑승. 비행기에 앉아 이륙 후 주는 커피를 마시고 있노라니 옆에 사람이 샌드위치에 진에 토닉에 한바탕 주문하고는 성대히 즐긴다. 한 시간 반짜리 단거리 비행인데 뭐가 저리 급한지...

여하건 표에 적힌 대로 10시가 채 못 되어 브뤼셀 공항에 도착. 역시 입국심사조차 없다. 구글 지도를 검색하니 버스를 타고 가까운 지하철역으로 가서 지하철로 환승하는 걸 추천한다. 별 생각 없이 이를 따랐다. 무거운 캐리어를 들고 낑낑대며 버스를 타고 지하철역에서 브뤼셀 교통수단을 10회 이용할 수 있는 티켓을 끊고... 나중에 안 사실이지만 브뤼셀 공항에서 도심으로 바로 통하는 공항 철도가 있었다. 다만 그걸 이용했더라도 나중에 트램이든 뭐든 한 번 환승을 해야 했겠지만. 여하건 그렇게 한 시간 반가량을 고생한 끝에 호스텔 도착!

내가 묵은 곳은 브뤼셀 운하변에 위치한 마이닝거 호텔Meininger Hotel. 호텔과 호스텔을 겸업하는 중저가형 호텔 체인인데, 내가 갔을 때는 오픈한지 이제 고작 세 달이 되어가는 아주 깨끗한 곳이었다. 내가 묵은 곳은 당연히 6인실 호스텔 방. 브뤼셀의 중심이라 할 수 있는 그랑 플라스Grand Place에서는 조금 멀어 보이지만, 실제 거리상으로는 1km 정도 떨어져 있어 주변 구경도 할 겸 해서 걸어 다닐 만하다. 일찍 도착해서 체크인 시간까지는 조금 시간이 남아 있었으나, 다행히 친절한 직원 덕분에 바로 짐을 풀 수 있었다. 이러고 나니 시간이 겨우 점심 즈음.

자, 짐도 풀었고 하니 뭐부터 해야 좋을까. 밥도 먹어야겠고, 브뤼셀의 다른 관광지들도 돌아볼 수 있겠지만 나는 가장 먼저 깐띠용 양조장Brasserie Cantillon을 찾기로 했다. 너무나도 궁금했던, 내가 브뤼셀에 온 이유의 절반을 차지한다고 해도 과언이 아닌 바로 그곳. 지도를 보니 숙소에서는 약 1.5km 정도. 당연히 걷기로 하고 숙소를 나섰다.

천천히 길을 걸으며 주변을 둘러보니, 아무래도 벨기에가 유럽에서 잘 사는 나라라고 하기 어려워서 그런 것일까, 썩 깨끗한 느낌은 아니다. 어딘지 모르게 우리나라의 시골 읍내 같은 느낌? 게다가 깐띠용 양조장은 브뤼셀 최대의 역인 남역Bruxelles-Midi 근처의 주거지역에 위치하고 있는데, 이 동네, 왠지 온통 아랍계 인종들만 보인다. 최근 벨기에에 터키 이민자들이 많아 문제가 되고 있다는데, 왠지 그쪽 사람들이 모여 이룬 슬럼가스런 느낌? 중간에 빵집과 슈퍼에 들러 빵과 음료를 사는데 영어가 통하지 않아 손짓발짓을 동원해야 했다. 게다가 말이 안 통한 건 나뿐이 아니었는지... 양조장 앞에 도착해 빵을 먹고 있노라니 저기서 웬 백인 아줌마가 와서 내게 길을 물어본다. 아줌마, 저 방금 브뤼셀에 도착했다구요... 그래도 그녀의 그런 고초(?)를 모르는 것은 아니기에 나름 최대한 지도를 보며 길을 찾아 주었다.

각설하고, 깐띠용 양조장은 사실 맥주가 목적이 아닌 관광객들에게도 어느 정도는 알려져 있는 편이다. 사실 우리나라에 잘 알려지지 않아서 그렇지, 벨기에가 내세우는 관광 상품 중 하나는 바로 맥주이다. 그런 벨기에에 있어 '야생 맥주'란 절대 그냥 지나칠 수 없는 상품 중 하나. 현지에서 볼 수 있는 관광 가이드에는 모두 이 양조장을 '맥주 박물관' 정도로 소개해 두고 있다. 벨기에의 여느 가족 양조장이 그렇듯 깐띠용 역시 저만의 스토리를 품고 있는데, 1900년에 개업하여 한때 쇠락해가던 이 양조장과 람빅을 살려낸 것은 당시 학교 선생님이었던 깐띠용가의 사위, 장 피에르 반 로이Jean-Pierre van Roy의 업적이다.

양조장의 커다란 나무 문을 열고 들어가 본다. 가장 먼저 눈에 띄는 건 왼편의 잘 꾸며진 간단한 바. 오른편에는 각종 상품의 판매 겸 투어 매표소(?)가 있다. 입장료는 6유로. 계산을 하고나면 국적을 묻는데, 뭔가 싶어서 봤더니 방문자들의 국적을 카운트 하고 있었다. South Korea 칸도 있었는데, 작대기가 한 서너 개 정도 그어져 있었다.

사실 투어라고 해서 특별히 가이드가 따라 다니는 것은 아니다. 안내소에 있던 아저씨가 대강 어떻게 구경하면 되는지 설명해 주더니 책자 하나를 주며 마음껏 돌아다니라고 말해준다. 책자의 설명이 잘 되어있고 내부의 동선도 잘 짜여있긴 하지만 아무래도 맥주에 별 관심이 없는 사람이라면 영 재미없을 듯하다. 나야 뭐 원체 혼자 다니는 걸 좋아하기도 하고, 또 그간 책으로만 보던 것들을 직접 눈으로 확인한다는 생각에 계속 흥분해서 돌아다니긴 했지만.

여하건간 투어를 시작해 안으로 들어가 본다. 여름에는 양조를 하지 않기에 양조장 안은 한산하다. 가장 먼저 눈에 들어오는 것은 우측 벽면에 빼곡히 쌓인 술병들. 이것이 바로 막 병입을 마친 구즈Gueuze이다. 장기 숙성 람빅과 미숙성 람빅을 블랜드 해 둔 것. 두 개를 섞는다고 맥주에 바로 탄산이 생기는 것은 아니고, 또 숙성을 거친 맥주의 맛이 훨씬 더 낫기 때문에 블랜드 하여 병입 후 바로 판매하지 않고 이렇게 양조장에서 6개월가량 숙성을 거친다고 한다. 병들이 빼곡히 쌓여 있는 게 정말 탐스러운 풍경이다. 한 병쯤 빼가도 모르지 않을까...? 빼지도 못할 정도로 빼곡히 쌓여있긴 하지만.

맥주들로 둘러싸인 기다란 복도를 통과하면 가장 처음 보이는 것은 당화조Mash Tun이다. 당화조는 지금껏 다른 양조장들에서 보아왔던 구리나 스테인리스제의 삐까번쩍한 모습과는 거리가 멀다. 심지어 겉에는 나무가 붙어있다. 크기도 작고 단 한 개만 설치되어 있지만, 이것이 깐띠용의 훌륭한 맥주들을 만들어왔다고 생각하니 절로 가슴이 뭉클해진다.

❖ 세월의 흔적이 느껴지는 당화조

당화조를 보고 나서 옆에 있는 계단을 통해 2층으로 올라가면 끓임조Hop Boiler가 보인다. 이것 역시 빛바랜 구리로 된 것이 결코 범상치 않다. 1층까지 내려간 듯 깊게 설치되어 있는 끓임조의 오른편에는 2년 묵은 홉의 포대들이 방치되어 있다. 다른 양조장에서라면 기겁할만한 일들이 람빅 양조장인 이곳 깐띠용에서는 아무렇지 않게 행해지고 있다.

그 왼편에는 람빅 양조의 핵심이라 할 수 있는 쿨링 쉽 cooling ship이 놓여 있다. 정말로 천장과 벽면에는 구멍이 숭숭 뚫려 밖의 햇빛과 바람이 그대로 들어오는데, 이 역시 경이로운(?) 광경이다. 책에서나 보고 오오~!하던 것을 실제로 볼 줄이야...

❖ 람빅 제작의 핵심인 쿨링 쉽

쿨링 쉽의 뒤편으로는 커다란 오크통들이 쌓여 있다. 쿨링 쉽에서 식고 야생효모에 감염된 워트는 이 오크통으로 들어가 거기에서 발효와 숙성이 이루어지는 것이다. 오크통 위에 뚫린 구멍 주변에는 하얗고 거무잡잡한 것들이 마구 묻어 있는데, 이것이 바로 자연 발효spontaneous fermentation의 흔적. 발효 과정에서 끓어오른 거품들이 넘쳐 나온 것이다. 사실 앞에서는 쿨링 쉽이 람빅 발효의 핵심이라고 했으나, 최근에는 이 오크통이 더욱 핵심이 된다는 주장이 있다. 도시 개발, 대기오염으로 과연 공기 중에 떠돌아다니는 야생 균이 과거의 그 균이겠냐는 것이다. 대신 이 균들은 생존력이 좋아서 나무 표면에서도 살아갈 수가 있는데, 과거에 오크통 안으로 들어와 자리 잡은 균들이 핵심적인 역할을 한다는 것이다. 실제로 양조장 주변의 모습을 생각해 보면 정말 그렇겠구나 싶다.

오크통들을 지나고 나니 매우 고풍스러운 양조장에 걸맞지 않게 스테인리스 탱크와 몇 가지 장비들이 보인다. 이게 뭔가 싶어 책자를 보니 구즈와 프룻 람빅의 작업을 이곳에서 한단다. 람빅의 블랜딩이나 과일을 더하는 과정을 이 곳에서 한다는 것. 게다가 그 옆에는 키 케그Key keg 몇 개가 놓여 있다. 생맥주를 담는 용기 중 하나인 키 케그는 최근 미국 크래프트 맥주에서나 볼 수 있는 최신의 것인데... 스테인리스 탱크에 키 케그라, 뭔가 미묘한 기분이 든다. 하긴 맥주를 섞는데 사용하는 탱크 재질이 무어 중요하며, 맥주를 최상의 품질로 유통하기 위해서 키 케그를 사용하는 건 오히려 바람직한 선택이긴 하다만. 그래도 뭔가 이질적이라는 느낌은 떨칠 수가 없다.

❖ 이 오크통들 안에서 람빅이 익어간다

여기까지 보면 양조장은 거의 다 둘러본 셈이다. 왼쪽으로는 천장이 낮아지며 1층으로 다시 내려가는 계단이 있는데, 여기에는 과거에나 썼음직한 병입기와 같은 장비 몇 개, 안쪽으로 또다시 주욱 둘러선 오크통들이 보인다. 그리고 천장에는 거미줄 잔뜩. 일반적인 양조장이었으면 상상도 못할 더러운(?) 모습이 펼쳐져 있는데, 이 모든 것은 최대한 야생 효모가 서식하기 좋은 환경을 만들어 주기 위한 것이다. 괜히 게을러서 청소를 하지 않는 게 아니다.

어느 양조장을 가서 투어를 하던 그 끝은 무조건 즐거운 시음 시간이다. 처음 들어왔을 때 봤던 작은 바로 가서 무뚝뚝하게 생긴 아저씨에게 투어를 마쳤노라 말하면 웬 도자기로 된 술병에서 맥주를 한 잔 따라준다. 이것이 바로 아무것도 섞지 않은 람빅. 상온의 오크통에서 수년을 담겨 있었기에 마실 때에도 차갑게 식히지 않고 그냥 마시는 것이 가장 좋다. 1년 반을 묵었다는

❖ 람빅

람빅은 마치 레몬을 연상케 하는 향기와 강렬한 신맛이 느껴진다. 예상외로 미간을 찡그리게 하는 식초 같은 초산의 인상은 그리 느껴지지 않는다. 신맛에 혀가 어느 정도 적응하고 나면 복숭아, 자두를 연상케 하는 맛과 사워비어 특유의 떫은맛이 가볍게 느껴진다. 람빅답게 당연히 탄산은 느껴지지 않는다.

무뚝뚝한 아저씨에게 다시 잔을 내밀어 받아온 맥주는 구즈. 향기, 전반적인 인상은 먼저 마신 람빅과 비슷하지만, 모든 면에서 람빅보다 훨씬 더 풍성한 맛을 자랑한다. 드라이했던 람빅과는 달리 바디감도 어느 정도 있고 탄산도 풍성히 느껴지는 것이 마시기도 편하고 훨씬 더 맛이 있다. 이런 맥주라면 매일 마실 수 있을 것 같다. 비록 국내에 수입은 안 되긴 하지만...

람빅과 구즈를 마셔봤으면 이제는 프룻 람빅을 마실 차례. 세 번째 잔부터는 돈을 내고 마셔야 한다. 물론 작은 잔이기도 하고, 양조장에서 판매하는 것이라 가격은 그리 비싸지 않다. 구즈 다음으로는 크릭Kriek을 마셨다. 깐띠용의 크릭은 2년 묵은 람빅 500리터에 체리를 무려 150kg나 섞어 만든다. 이렇게 하면 람빅의 야생균들에 의해 체리의 당분은 모두 소화되지만 다

❖ 크릭

른 것들, 이를테면 맛과 향, 색은 풍부하게 남는 것이다. 색깔부터가 이미 체리의 붉은색을 띄고 있는 크릭은 마셔보면 정말로 체리의 맛과 향은 그대로 느껴지지만 단맛만이 빠져있다. 그러면서 람빅의 시큼한 맛이 올라오는데 그 조화가 정말 기가 막힌다. 물론 맛있는 건 모두에게 맛있다고, 남자들도 맛있게 마실 맥주지만 아무래도 여성들이 더욱 좋아할 것 같은 느낌이다.

마지막 잔으로는 무얼 마실까... 고민하다 고른 것은 파로Faro. 과거에 국내에서 파로를 한번 마셔본 적이 있는데 그 때는 영 내 입맛과는 맞지 않았다. 과

연 깐띠용의 파로는 내 입맛에 맞을는지… 결론부터 말하면 깐띠용의 파로도 내 입맛에는 맞지 않았다. 원래 맥주에서 단맛이 튀는 걸 그다지 좋아하지도 않거니와, 과연 과거에 마셨던 경험 그대로 단맛이 신맛을 잡으며 이도저도 아니라는 느낌이 들었다. 오히려 람빅이 갖고 있는 특유의 떫은맛이 더욱 부각되는… 파로를 좋아하는 사람들도 많이 있지만 나에게는 영 아니다 싶었다.

이 정도로 맥주를 마신 나는 기왕 온 거 기념품이나 하나 사가자 싶어 매대 앞에서 무얼 살까 고민을 했다. 티셔츠 한 벌 사갈까 싶다가도 입고 다니면 대놓고 맥덕후라고 광고 하는 것 같아 조금 꺼려지고… 결국 맥주 3병 세트를 골랐다. 문을 나설 즈음 웬 동양인 노부부께서 들어오신다. 흥미가 생겨 두 분을 바라보니, 사용하시는 언어가 일본어다. 과연 맥주 문화가 발달한 일본에서는 노부부가 벨기에 깐띠용 양조장으로 여행을 오는구나 싶다가도 오붓한 두 분의 모습이 부럽게 느껴졌다. 나도 나이 먹고 저렇게 두 분처럼 다닐 수 있을는지…

T I P

사워 맥주 속 미생물들

1883년 칼스버그 양조장에서 효모의 분리 배양에 성공한 이래 일반적인 맥주들은 효모 단 하나의 균으로만 만들어지고 있다. 그러나 무엇이든 예외가 있기 마련인데, 그것이 바로 람빅, 플란더스 레드, 베를리너 바이세와 같은 신맛이 주가 되는 '사워 맥주sour beer'이다. 람빅의 경우에는 공기 중의 균들을 그대로 받아들여 최대 200가지에 달하는 균들이 보인다고 앞서 설명한 바 있으며, 배양된 균을 사용하는 베를리너 바이세의 경우 효모 외에도 젖산균과 같은 다른 균을 함께 넣는 것을 볼 수 있다. 여기에서는 사워 맥주에 사용되는 주요한 미생물들을 알아보고, 그 미생물들이 어떤 풍미를 내는지를 한번 알아보고자 한다.

효모Saccharomyces

다소 의외라고 생각될 수도 있겠지만 사워 맥주라고 해서 효모가 쓰이지 않는 것은 아니다. 사워 맥주에 있어 효모의 존재는 다른 미생물들만큼이나 중요하다. 왜냐하면 효모가 없으면 술이 되지 않기 때문. 물론 뒤에 소개할 다른 균들도 발효 과정에서 알코올을 생산하긴 하지만 효모만큼 빠르고 강력하진 않다. 사워 맥주의 주요한 풍미들을 만들지는 않지만 그럼에도 여전히 가장 많은 일을 하는 미생물.

브레타노미세스Brettanomyces

브렛이라고 부르기도 하는 효모의 한 종류. 지금까지는 박테리아의 일종으로 알려졌으나, 최근의 연구에 의하면 생물 분류상 효모속에 속한다고 한다. 사워 맥주와 관련해서는 가장 잘 알려진 균으로 '말 담요horese blanket', 펑키funky라고 표현되는 특유의 쿰쿰한 풍미를 담당한다. 산소가 있는 상황에서는 미간을 절로 찡그리게 만드는 톡 쏘는 초산을 만들어 내기도. 이 두 풍미는 모두 사워 맥주에 있어 핵심과도 같은 요소이기에 사워 맥주에 있어 브렛은 그만큼 중요하다고 할 수 있다.

다만 이렇게 독특한 풍미를 만들어 내는 균이기 때문에 일반적인 맥주를 만드는 양조가들에게는 그만큼 경계해야할 균. 설상가상으로 이 균은 생존력도 매우 좋은데다 맥주에 아주 적은 양만 있어도 그 특유의 풍미를 확 드러내기 때문에 이래저래 골치 아픈 균이기도 하다. 효모처럼 발효를 통해 알코올을 만들어내지만 그 속도는 매우 느려서 단독으로 사용되는 경우는 그리 많지 않은 편이다. 람빅, 플란더스 레드, 미국식 와일드 비어American Wild Beer에서 그 풍미를 느낄 수 있다.

젖산균Lactobacillus

김치에서도 보고, 요구르트에서도 보고, 이제는 맥주에서까지 볼 수 있는, 그야말로 마당발 같은 균. 영어 이름인 락토바실러스의 앞글자만을 따서 락토라고 부르기도 한다. 이 균의 역할은 당분을 먹고 젖산을 내놓는 것으로, 잘 발효되었을 경우 레몬 같은 깔끔한 신맛을 내놓는다. 종종 젖산 풍미를 브렛이 내놓는 풍미로 오해하는 경우가 있는데 초산과 젖산의 풍미는 엄연히 다르니 잘 구분할 것. 이 균 역시 일부 균주에서 발효 과정 중 알코올을 생성하긴 하나 그 양이 많지 않고 속도도 느려서 큰 의미는 없다. 모든 사워 맥주에서 그 풍미를 느낄 수 있지만, 이 녀석의 풍미를 오롯이 느낄 수 있는 건 독일의 베를리나 바이세Berliner Weisse와 고제Gose 정도.

페디오코커스Pediococcus

이름의 앞자리를 따서 페디오라고 불리기도 하는 균. 이 녀석 역시 젖산균과 마찬가지로 젖산을 생성한다. 발효 속도가 빠르지 않고 생성물도 젖산균과 같은 젖산이라 큰 주목은 받지 못하는 균이지만, 젖산균과는 다른 거친 신맛과 펑키한 향들을 만들어낸다. 또한 브렛이 특유의 풍미를 만들어내는데 사용하는 전물질을 생성하기 때문에 주로 브렛과 함께 사용되는 편. 특유의 풍미를 구분하긴 어렵지만 주로 람빅과 플란더스 레드에서 보인다.

초산균Acetobacter

맥주든 막걸리든 자가로 술을 만들어본 경험이 있는 분들이라면 이를 갈고 싫어하는 균. 술의 표면에 이 녀석의 흔적인 하얀 막이 뜨면 그 술은 사실상 망했다고 봐야 하는, 일반적인 맥주에 있어서는 가장 흔한 오염균 중 하나이다. 하지만 이 하얀 막은 사워 맥주에 오면 발효가 잘 되고 있다는 증거가 되기도 한다. 그도 그럴 것이 이 균이 만들어 내는 초산 풍미가 곧 사워 맥주에 중요한 신맛이기 때문이다. 다만 이 균은 알코올을 소비해 초산을 만들어내기 때문에 술을 만드는 양조가 입장에선 그리 달갑지 않은 균이기도 하다. 게다가 발효 과정에서 산소를 필요로 하기 때문에 일반적인 양조 과정에서는 이 녀석이 날뛰는 모습을 볼 일이 많지 않다. 람빅과 플란더스 레드, 혹은 식초(!)에서 이 녀석의 초산 풍미를 느낄 수 있다.

무더르 람빅

Fontainasplein 8 1000 Brussel

맥주 대국 벨기에, 그리고 그 수도인 브뤼셀. 당연히도 좋은 펍들이 너무나도 많다. 그러나 그 중에서 딱 한군데만 고르라면? 나는 바로 이 곳, 무더르 람빅을 고르겠다.

'어머니 람빅'이라는 뜻을 가 진 무더르 람빅Moeder Lambic은 25년이라는 결코 짧지 않은 역사 를 가지고 있다. 브뤼셀에만 두 곳 의 지점을 갖고 있는데, 한군데는

다소 외곽에 위치한 상 질레Saint-Gilles 지점, 한군데는 그랑 플라스와 오줌싸개 동상 근처의 폰테나스Fontainas 지점. 이들의 첫 시작은 상 질레 지점이었다. 두 차례의 재정 위기를 겪었지만 매번 일하던 직원들이 가게를 인수하여 위기를 넘 겼으며, 벨기에 대형 양조장인 듀블 몰트갓Duvel Moorgaat과의 소송에 휘말리기 도 했지만 결국 승소하여 위기를 이겨냈다. 고생 끝에 낙이 온다고, 이후 사업은 탄탄대로를 걷기 시작하여 2009년에는 이번에 소개할 무더르 람빅 폰테나스를 오픈한 것이다.

두 곳 다 가본 입장으로서 당연히 두 곳 다 좋은 펍이긴 하지만 아무래도 여러 면에서 폰테나스 점이 낫다. 크기도 크고 인테리어도 세련되지만, 무엇보다 브뤼 셀 중심부에 위치해 있다는 게 가장 크다. 맥주 한잔 마시러 지하철 타고 굽이굽이 돌아갈 필요가 없는 것이다. 덕분에 나는 이곳을 무던히도 찾았다. 최대한 많은 맥 주 명소들을 들르기 위해 한 번 방문한 곳은 다시 가지 않는 것이 나의 여행 원칙 이었건만, 이곳만큼은 예외였다. 그만큼 모든 면에서 훌륭한 펍이었던 것이다.

그랑 플라스에서 오줌싸개 동상을 지나 큰길 가로 나오면 이곳 무더르 람빅이 보인다. 큰길 가에 독특한 외관, 더군다나 바깥에 놓인 테이블에서 사람들이 이 미 맥주를 마시고 있기에 찾아가는 건 그리 어렵지 않다. 바깥 테이블 자리는 이 미 만석. 내부로 들어가니 시원하게 쭉 뻗은 공간과 이를 따라 기다랗게 놓인 바

가 눈에 띈다. 인테리어가 깔끔하고 안의 분위기도 차분한게 맥주를 즐기기 좋겠다는 인상이다. 나중에 이곳을 다녀온 분에게 들은 이야기지만, 저녁이 되면 이곳도 여느 곳 못지않게 북적거리고 시끄럽단다. 아무래도 나는 이곳을 주로 낮에 다녀서 그런 모양이다.

❖ De la Senne Band of Brother

자리를 잡고 앉아 테이블 한편에 놓인 메뉴를 펼쳐본다. 과연 어머니 람빅이라는 그 이름답게 '페르멘타숑스 스폰태니 fermentations spontanées'가 눈에 띈다. 스폰테이너스 퍼멘테이션, 즉 자연 발효 맥주인 람빅을 말하는 것. 그것도 평범한 드래프트가 아닌, 캐스크 버전이다. 굉장히 흥분되는 광경이지만 깐띠용 맥주는 이미 양조장에서 즐긴 경험이 있기에 마음을 가라앉히고 다른 맥주들부터 주문해 본다. 첫 맥주는 더 라 센 밴드 오브 브라더스De la Senne Band of Brothers. 4도 대의 가벼운 벨지안 페일 에일로 가볍게 시작해 본다. 홉의 신선한 시트러스citrus와 풀 향기. 역시 신선한 홉이 주는 시트러스와 파이니piny한 맛이 매력적이다. 재미있는 것은 이 맥주는 무더르 람빅과 더 라 센 양조장간의 콜라보레이션으로 만들어져 오직 무더르 람빅에서만 즐길 수 있다는 점. 벨기에 맥주 일색인 벨기에 펍에 수준급의 아메리카풍 에일이 하나 정도 있으니 나쁘지 않다는 생각이 든다.

맥주를 주문하니 당연히도 주전부리로 삼을 만한 기본 안주(?)가 나오는데, 이게 또 재미있다. 바로 맥주를 만드는 재료인 몰트를 주는 것. 단단한 게 씹을거리도 되고, 먹어보면 단맛과 고소한 맛이 나는 게 맥주와 함께 즐기기에 딱 좋다. 누가 생각해냈는지 몰라도 기발하다 싶었다.

잔을 비우고 난 다음으로는 장 드랑-장드레누일 IV 세종Jandrain-Jandrenouille IV Saison을 주문했다. 코로는 홉의 파이니함이 느껴졌다면 혀에

시트러스

레몬, 오렌지, 귤과 같은 과일류를 총칭하는 말. 미국산 홉에서 주로 느껴지는 풍미.

서는 홉의 시트러스함이 느껴지고, 몰티하면서도 세종다운 에스테르가 느껴진다. 시원하고 상쾌한 것이 요즘 맥주의 트렌드라 할 수 있는 '호피hoppy'함을 세종과 잘 융합시켰다는 인상이 들었다. 이렇게 좋은 맥주는 수입이 되어야 마땅한데, 다행히도 이 녀석은 최근 소량이나마 수입되어 홍대의 누바와 같은 몇 펍들에서 만날 수 있다고 한다.

파이니

소나무, 특히 솔잎을 씹어 먹는듯한 느낌. 역시 미국산 홉에서 주로 느껴지는 풍미.

첫날은 여기까지만 마시고 그랑 플라스 구경. 다음날 짬을 내어 다시 방문했다. 이번에는 '어머니 람빅'에 온 만큼 람빅 맥주를 주문했다. 깐띠옹 양조장에서 미처 마셔보지 못했던 로제 드 감브리누스Rosé De Gambrinus를 주문했다. 이 녀석은 람빅에 라즈베리를 넣은 프람부와제. 과연 체리와는 또 다른 라즈베리의 풍미가 람빅의 신맛과 조화롭게 다가온다. 마치 산딸기를 한 움큼 입에 넣은 듯 하다.

❖ 오발

드래프트, 캐스크와 같은 생맥주는 많이 마셨으니 이번에는 보틀을 주문해 본다. 보틀 리스트는 어디에 적혀 있는 것은 아니고, 점원을 불러 달라고 해야 한다. 그런데 점원이 갖다 준 보틀 리스트가 웬만한 메뉴판(?)이 아니라 그냥 책 한권이다. 어마어마한 보틀 리스트 속에서 뭘 마실까 고민하다 트라피스트Trappist인 오발Orval을 주문했다. 물론 그냥 오발이 아니다. 뷰Vieux, 즉 오발을 오랫동안 묵힌 것. 와인이나 위스키와 마찬가지로 맥주도 오랫동안 묵힘으로써 맛이 바뀌어 가는데, 이것을 보틀 컨디션Bottle Condition이라고 한다. 다만 상할 위험이 있기에 낮은 도수의 맥

주보다는 높은 도수의 맥주를 이용한다. 내가 주문한 오발은 2011년 판이었으니 약 2년을 묵은 것. 말 담요, 마구간으로 표현되는 야생 효모, 브레타노미세스 brettanomyces의 펑키funky한 향과 시큼하면서도 프루티fruity한 향이 어울려 아주 좋은 향을 자아낸다. 맛에 있어서는 포도를 필두로 하는 여러 가지 과일 풍미가 느껴지는 것이 재미있다. 다만 브렛의 풍미는 향만큼 강하지는 않았다.

벨기에 여행 내내 브뤼셀에 머무르며 당일치기로 다른 도시들을 다녔던 나. 나에게 무더르 람빅은 벨기에 여행의 시작이요 끝이었다. 브뤼셀을 돌아다닐 때는 이곳에서 시작하여 오줌싸개 동상, 그랑 플라스, 생 미셸 성당으로, 다른 도시로 여행 갔다 올 때는 그랑 플라스 인근의 브뤼셀 중앙역Bruxelles-Central에 내려 이곳까지 걸어와 마무리. 단언컨대 무더르 람빅은 브뤼셀 최고의 펍이다.

드래프트와 캐스크

지금까지도 몇 차례 언급되었고, 앞으로도 계속해서 언급될 단어가 드래프트draught와 캐스크cask이다. 이게 무슨 말인가.

드래프트란 우리식으로 표현하자면 생맥주를 의미한다. 병이나 캔이 아닌, 큰 통에 담겨져서 맥주집에서나 볼 수 있는 생맥주 꼭지를 통해 따라 마시는 것. 그런데 이 표현은 사실 틀린 표현이다. 도대체 어쩌다 그런 표현이 붙었는지 모르겠지만, 우리가 생각하는 것과는 달리 생맥주는 살아있지 않다. 우리가 흔히 접하는 병이나 캔과 똑같은 내용물, 즉 필터링이나 살균 과정을 거쳐 효모가 '죽은 맥주'가 들어있다.

반면 캐스크cask야 말로 진짜 '生맥주'라 할 수 있다. 이 방식이 바로 전통적인 맥주의 유통 방식인데, 발효가 끝나고도 숙성 과정까지 완전히 마쳐서 유통되는 드래프트나 여타 포장 방식과는 달리 캐스크 에일cask ale은 양조장에서 발효가 끝나면 숙성을 거치지 않고 바로 통에 담겨 펍으로 유통된다. 그러면 펍의 매니저는 지하의 셀라cellar에서 보관하며 숙성을 시키다 적당히 되었다 싶은 시점에서 판매하는 것이다. 따라서 한 양조장에서 한날한시에 나온 같은 맥주라 하더라도 판매하는 펍마다 조금씩 맛이 달라질 수 있다. 즉, 진정한 살아있는 맥주인 것이다.

CAMPAIGN FOR REAL ALE

하지만 여기까지 읽었다면 느꼈을지 모르겠지만, 이 캐스크 에일이란 반대로 불편하기 짝이 없는 형태이다. 펍마다 셀라도 마련해야 하는데다 무슨 수로 이 맥주가 최적인 걸 안단 말인가. 따라서 이 방식은 점점 드래프트에 그 자리를 내주었다. 그러나 유일하게 영국만이 맥주 소비자들을 중심으로 캐스크 에일을 지켜야겠다고 결심, CAMpaign for Real Ale라는 단체를 결성하여 진짜 맥주인 캐스크 에일을 지켜내고 이제는 그 방식을 다른 나라들에서 다시 부활시키는 단계에까지 이르고 있다.

다만 어디까지나 개인적인 인상에서 영국의 캐스크 에일은 조금 별로라는 느낌. 원래 영국 맥주 자체가 전반적으로 맛이 약한 편인데 탄산을 보호해줄 수 있는 내압용기가 아닌 일반 용기에 들어가는 리얼 에일이 되자 맛이 더욱 약해지고 오히려 그 맥주의 결점을 더 잘 드러낸다는 느낌이다. 또, 드래프트가 아무리 생맥주가 아니라 하지만 그래도 캔맥주나 병맥주보다는 맛이 훨씬 나은 편인데, 이것은 대형 용기를 사용해서 나오는 보관상의 이점과 유통구조가 단순해 순환이 빠른데서 갖는 이점이다. 그래서 일반적인 경우라면 드래프트를 마시는 게 훨씬 나은 것이다.

델리리움 카페

Impasse de la Fidélité 4a 1000 Brussel

유럽여행 내내 나의 주 교통수단은 바로 두 다리였다. 이유는 다양했다. 걷는 것에는 어느 정도 자신도 있었고, 여기저기 걸어 다니며 낯선 곳 구석구석까지 보고 싶은 욕심도 있었다. 또 유럽의 교통비가 좀 비싼 편이다 보니 그 돈 아껴 맥주 한잔 더 마시려는 생각도 있었다. 그러나 가장 큰 이유는 사실 술을 깨기 위함이었다. 기껏 유럽까지 날아와서 여러 맥주들을 맛보는데, 조금이라도 제정신에서 마시는 게 낫지 않겠는가.

그런 나에게 브뤼셀 여행은 늘 일단 그랑 플라스까지 걷는 것에서 시작했다. 내가 머물렀던 마이닝거 호스텔은 브뤼셀 중심부에서는 조금 떨어진 곳에 위치하고 있다. 여기서 그랑 플라스까지는 천천히 걸어도 30분. 일단 그랑 플라스에만 도착하면 이곳을 기점으로 브뤼셀의 대표적 관광지인 생 미셸 성당Cathedrale St-Michel et Ste-Gudule과 오줌싸개 동상, 벨기에 왕궁 등이 사방으로 펼쳐져 어디든 갈 수 있었다. 어디 관광지들만 그런가, 맥주 명소들도 그렇다. 앞서 소개한 무더르 람빅도 그렇고, 뒤에 소개할 델리스 카프리스도 그렇다. 브뤼셀을 여행하는 사람들이라면 누군들 안 그렇겠냐만은, 나에게도 그랑 플라스는 브뤼셀 여행의 중심지였던 것이다.

이번에 소개할 델리리움 카페 Delirium Cafe 역시 그렇다. 그랑 플라스에서 생 미셸 성당 쪽으로 조금만 걸어가면 홍합 요리점들로 가득한 이른바 '먹자 골목'이 나오는데, 그 안으로 조금만 걸어 들어가면 쑥 들어가는 또 다른 골목이 나온다. 이 골목 전체를 차지하고 있는 것이 바로 델리리움 카페이다. 크기도 크거니와 벽면에는 델리리움 맥주를 상징하는 핑크색 코끼리들이 잔뜩 그려져 있고, 그 아래의 테이블에는 사람들이 잔뜩 앉아 낮부터 맥주를 즐

기고 있기에 찾기가 어렵지 않다. 게다가 사실 한때 전 세계에서 가장 많은 수의 맥주 보틀을 판매하는 것으로 기네스북에도 오른 바 있어 관광객들에게 잘 알려져 있기도 하다.

날이 덥고 볕이 좋으니 역시 바깥 테이블은 이미 만석이다. 펍 안으로 들어가니 가장 먼저 눈에 띄는 것은 곳곳에 붙은 맥주 소품들이다. 맥주가 있음을 광고하는 장식품, 등, 포스터, 판넬, 심지어 쟁반, 파라솔까지 맥주와 관련된 소품들이 온 사방에 붙어있어 정신이 없을 지경이다. 안쪽으로 들어가니 마치 당화조를 뜯어내고 그 안에 테이블을 놓은 것 마냥 장식해 둔 것이 눈에 띈다. 사방이 온통 맥주와 관련된 것들 투성이인 것이, 정신사납다가도 그만큼 맥주에 대한 애정이 가득한 곳임이 느껴진다.

어디든지 펍을 가면 가장 먼저 확인하는 것이 온-탭 리스트On-tap List이다. 병맥주도 좋지만 기왕이면 생맥주, 드래프트를 찾는 것이 당연하리라. 이곳은 델리리움 카페인만큼 델리리움을 만드는 휴에 양조장Huyghe Brewery의 맥주들이 기본적으로 꽂혀있다. 그런 가운데 시메이 트리플Chimay Triple과 같은 이름난 벨기에 맥주와 수입이긴 해도 기네스Guinness와 같은 '세계구급' 맥주들이 기본 라인업으로 꽂혀 있다. 이런 기본 라인업을 제외하고 게스트 탭도 따로 운영하고 있는데, 내가 갔을 때는 북유럽의 돌아이 양조장으로 불리는, 내가 덴마크에 간 이유 중 하나였던 미켈러Mikkeller의 싱글홉 IPA 시리즈들이 모두 꽂혀 있었다. 펍에 있어 탭 리스트는 그 펍의 정체성을 그대로 비추는데, 기네스같이 메이저한 맥주를 취급하면서도 한편으로는 미켈러의 싱글홉 시리즈를 모두 취급한다는 것은 이곳이 비 맥덕과 맥덕 모두를 노리는 무시무시한(?) 장소임을 보여준다. 재미있는 것은 맥주를 판매하는 단위가 작은 잔인 글라스와 일반적인 사이즈인 파인트 외에 1L와 2L로도 판매하고 있다는 점. 누가 저걸 주문할까 싶다가도 그만큼 이곳의 분위기가 자유로운 편이구나 하고 느꼈다.

자리를 잡고 처음 주문한 것은 플로리스 화이트Floris White. 호가든과 같은 윗비어Witbier 스타일로 3.8%라는 부담 없는 도수를 자랑한다. 잔을 받아보니 코리앤더의 풍선껌 같은 향기가 물씬 느껴진다. 하지만 맛에서는 코리앤더가 그리 느껴지지 않고 오렌지 껍질의 시큼함과 밀맥주 특유의 페놀 같은 맛이 꿉꿉하게 부각되는 느낌이다. 워낙 유별난 벨기에 맥주들을 많이 마셔온 만큼 상큼한 녀석 한

❖ 플로리스 화이트

잔으로 혀를 달래주고 싶었는데 그 기대에는 영 부응하지 못한다. 감질만 난다.

그래서 두 번째 잔으로는 조금 강한 녀석을 시켜보기로 했다. 이번에는 이곳의 상징과도 같은 델리리움 트레멘스Delirium Tremens. 사실 이 이름은 '알코올 전진 섬망'이라는 무시무시한 병명에서 따온 것으로, 알코올 중독자가 알코올을 끊었을 때 금단현상으로 보게 되는 환각을 의미한다. 그리고 이 환각에서 전형적으로 보이는 것이 바로 델리리움 트레멘스의 상징으로 펍 곳곳과 맥주의 라벨에도 그려져 있는 핑크색 코끼리. 사실 이 맥주의 스

❖ 델리리움 트레멘스

타일은 벨지안 골든 스트롱 에일Belgian Golden Strong Ale로, 이 스타일의 오리지널도 그렇고 여러 아류들이 사탄숭배(?)스러운 이름을 쓴다고는 하지만, 그렇다하더라도 자신들의 맥주 이름으로 알코올 중독 증상을 쓰는 건 도대체 어떤 센스인지 싶다.

페놀

정향clove, 반창고, 소독약 등으로 표현되는 맛. 어떤 맛인지 떠올리기 힘들다면 치과 갔을 때 이에 붙여주는 소독약을 떠올리면 편하다. 독일의 바이젠과 같은 밀맥주, 일부 벨기에 맥주에서 전형적으로 느껴진다.

여하건 주문한 델리리움 트레멘스 잔을 받아 든다. 이 맥주는 국내에도 수입이 되어서 과거에 한 번 마셔본 바가 있었는데, 그 때는 맛있긴 했으나 전반적으로 가벼운 느낌에 썩 마음에는 들지 않았던 기억이 있다. 본토에까지 와서 즐기는 생맥주는 어떨지. 첫 인상은 먼저 효모가 주는 에스테르로 벨기에 맥주 특유의 효모가 주는 복잡한 향기가 느껴진다. 마셔보니 예전에 병으로 마셨던 것에 비해 오히려 전체적으로 약하다는 인상이다. 아로마, 바디, 질감과 같은 대부분의 면들이 기억보다 약하다. 왜 그런 것일까 곰곰이 생각해 보니 아무래도 이 스타일은 병내 숙성을 거치는 스타일이라 그런 게 아닌가 싶다. 만든지 얼마 되지 않은 생맥주를 마시는 것 보다는 병에서 어느 정도 묵힌 게 더 나은 것. 생맥주라고 다 좋은 건 아니다.

가볍게 두 잔을 마신 나는 펍을 나섰다. 더 마실 수도 있고, 또 마시고 싶은 맥주도 있었지만 이곳은 생 미셸 성당으로 가던 차에 들른 곳이었다. 아무리 무신론자인 나라고 해도 술에 취해서 성당을 들어가는 건 좀 아니지 않나. 맥주를

에스테르

홉이 주는 풍미가 아닌 효모의
발효에 의해 생겨나는 풍미중 하나. 에스테
르라고 표현하면 주로 섬세한 꽃, 과일 향기
를 의미한다.

마시고 가벼운 발걸음으로 성당으로 향
하는 오르막을 올랐다.

STORY 05 델리스 엣 카프리스

Beenhouwersstraat 68 1000 Brussel

맥주는 벨기에의 명실상부한 관광 상품 중 하나이다. 브뤼셀 관광지도에 깐 띠용 양조장이 버젓이 실려 있고, 벨기에 맥주 관광을 전문으로 다루는 블로그도 있다. 무엇보다도 흔히 관광지 주변에 위치한 기념품 샵에만 가도 웬만한 보틀샵 뺨치는 맥주 셀렉션들을 구경할 수 있다는 점에서 그렇다.

평범하게 벨기에에 관광 온 사람들이라면 이런 샵에서 기념품 삼아 몇 병 정도 살만할 것이다. 하지만 나 같은 사람은? 맥주를 마시기 위해 온 사람이라면 그래도 좀 더 전문적인 보틀 샵을 찾는 게 좋지 않을까? 그렇지 않은 사람이라도 기왕이면 더 전문적인 곳이 낫지 않을까? 다양한 셀렉션에 가격도 충분히 리즈너블하고, 주인이 맥주에 대해 전문적인 지식을 지닌 샵을.

이 조건에 완전히 부합하는 보틀샵이 델리스 엣 카프리스Délices & Caprices 이다. 게다가 이 보틀샵은 그런 조건들 외에 접근성도 괜찮은 편이다. 그랑 플라스 위쪽에 위치한 쇼핑 아케이드인 갤러리 드 롸Galerie du Roi의 중간 지점에서 오른쪽 골목으로 들어가면 된다. 눈에 드러나는 곳에 위치하진 않았지만, 찾아가고자 하면 어렵지 않다.

많은 벨기에 맥주 명소들
이 그러하듯 이곳 역시 부부
가 함께 운영하고 있다. 특이
한 것은 이곳의 사장인 피에
르 주베르Pierre Zuber는 벨
기에 사람이 아니라는 것. 본
디 스위스인이자 요리사였던
그는 많은 맥덕들이 흔히 그
러듯 벨기에 맥주에 매료되어 ❖ 피에르 주베르 씨와 부인 앤

맥주와 요리의 마리아주에 대해 공부하기 위해 벨기에에 왔다. 그러던 중 2005
년 부업삼아 보틀샵을 차리게 되었고, 그것이 오늘날 브뤼셀 최고의 보틀샵에 이
르게 된 것이다. 같은 취미를 공유하는 사람으로서는 그저 부럽고 어떻게 보면
'입지전'적인 이야기다.

이런 델리스 엣 카프리스건만 사실 그 규모는 그리 크지 않다. 대략 10평 정
도? 보틀샵으로 들어서면 앞쪽과 오른쪽으로 맥주들이 진열되어 있고, 맨 안쪽에
는 카운터가 있다. 중앙에는 테이블이 몇 개 있고 일부 맥주들은 냉장고에 따로
보관되어 보틀샵 안에서 바로 마시는 것도 가능하다. 얼마 남지 않은 여유 공간
곳곳에는 맥주 상자들이 놓여있어 전체적인 분위기는 어수선하기 짝이 없으나,
맥덕으로서는 눈이 휙휙 돌아가는 광경이다.

사실 나는 이곳에서는 맥주를 살 생각이 없어서 그저 구경만 했다. 사가고 싶
은 거야 많지만 여정이 한참 남았기에 벌써부터 짐을 늘릴 수는 없는 법. 할 수
없이 구경만 했지만, 그것으로도 충분히 즐거운 일이었다. 어마어마하게 많은 맥
주들... 나름 벨기에 맥주에 대해 알 건 안다고 생각했으나 이곳에 들어선 순간
그건 명백한 오산임이 드러났다. 이렇게 수많은 맥주들 중에서 무얼 골라야 한단
말인가... 그럴 때 바로 이곳의 주인 내외인 피에르와 앤에게 물어보면 된다. 두
사람이 취급하는 맥주에 대해 충분히 잘 알고 있다는 것, 그게 바로 이 작은 보틀
샵을 최고로 꼽는 이유 중 하나이니까. 실제로 내가 갔을 때도 한 미국인 커플이
맥주에 대한 상담(?)을 받고 있었다.

나는 분명 이곳에서 구경만 하려 했거늘 워낙 라인업이 화려하기도 했고, 또 안에서 마실 수 있도록 시설도 잘 갖추어져 있어 본의 아니게 한 잔 하게 되었다. 내가 선택한 맥주는 듀블 트리펠 홉 2013Duvel Tripel Hop 2013. 국내에도 착한 가격으로 정식 수입되는 듀블이지만 요 녀석은 매년 홉과 도수를 바꿔 한정 생산되는 맥주이다. 2012년은 시트라Citra 홉을 썼다면 2013년에는 소라치 에이스Sorachi Ace라는 홉을 썼는데, 이 홉은 다른 홉들에 비해 레몬의 캐릭터가 두드러진다고 알려져 있다. 과연 어떤 느낌일런지. 잔뜩 기대를 갖고 마신 결과는 사실 좀 실망스러웠다. 무엇보다도 레몬의 느낌이 그리 두드러지진 않았다. 과연 홉을 많이 쓰긴 했는지 평범하게 호피hoppy하다고 표현하는 허브 느낌이 많이 들기는 했다. 그래도 개인적으로 그냥 듀블은 맛이 너무 강해 그리 즐기진 않는데, 요 녀석은 홉의 맛이 나름 밸런스를 이뤄 즐겁게 마실 수 있었다.

테이블에 앉아 맥주를 혼자 마시다 보니 아까 주인장과 상담하던 커플이 맞은편에 앉는다. 두 사람은 서로 구입한 맥주에 대해 이야기를 나누더니 이내 내게 말을 건넨다. 어디서 왔느냐, 몇 살이냐 같은 평범한 이야기들. 그러나 장소가 장소라고, 곧 이야기는 맥주로 옮겨간다. 이야기를 해 보니 역시 두 사람은 커플이라고 한다. 미국인이고 벨기에에는 맥주 여행으로 왔다고 한다. 당연히 집에서 맥주를 만드는 홈브루어home brewer이고. 그렇게 이야기가 자연스레 미국의 크래프트 맥주들로 옮겨갔는데, 결국 끝은 내가 한국 맥주 시장에 대한 불만을 토로하는 것으로 맺어졌다. 수입되지 않는 맥주들이 많다고.

나도 맥주를 다 마시고 두 사람도 맥주를 다 마시고 두 사람이 구입한 맥주의 포장도 끝나 헤어질 무렵, 두 사람이 내게 주소를 물어본다. 미국으로 돌아가면 아까 이야기 했던 크래프트 맥주 한 병을 보내주겠다고, 그렇게 좋은 맥주는 꼭 마셔봐야 한다고. 몇 번 손사래를 쳤으나 여유가 안 되면 안 보내줄 수도 있다고 너무 괘념치는 말란다. 결국 주소를 적어주고는 고맙다는 말을 연발했다. 두 사람이 보내주겠다는 맥주는 결국 받지 못했지만, 그래도 같은 맥주 마니아로서 그렇게 마음을 써줬다는 사실이 지금도 너무나 고맙게 느껴진다. 그러면서 한편으로는 저렇게 연인이 맥주라는 취미를 공유한다는 게 부럽게 느껴지기도 했다.

이름 : 그랑 플라스

위치 : Grand Place 1000 Bruxelles

　앞서서도 여러 번 언급한 바 있지만, 브뤼셀 여행의 시작은 단연 이곳, 그랑 플라스이다. 비단 맥주 여행뿐만이 아니라, 단순한 관광으로서도. 다음에 소개할 모든 여행지들이 이곳 그랑 플라스를 중심으로 분포해 있기 때문이다. 유네스코 세계 유산으로도 지정되어 있는 그랑 플라스는 시청, 각종 길드의 건물, 왕의 집 등으로 둘러싸인 광장이다. 이 건물들은 한 번에 지어진 것이 아닌, 세월이 흐르면서 하나하나 지어졌기 때문에 고딕 양식의 시청사 건물 외에도 다양한 건축 양식들을 구경할 수 있다고 한다. 낮에도 멋지지만, 밤의 모습과 분위기가 더욱 좋은 곳. 여기저기 바닥에 앉아 맥주를 마시며 자유롭게 대화를 나누는 분위기가 참 좋다.

이름 : 오줌싸개 동상

위치 : Manneken Pis 1000 Bruxelles

　직접 보면 실망하고 만다는, 세계 3대 실망거리에 들어간다는 바로 그 오줌싸개 동상. 실물을 보면 정말 너무 작아서 실망하고 만다. 솔직히 옆에 있는 와플집에 세워둔 동상이 훨씬 더 크고 보기도 낫다. 그럼에도 여기에 써 둔 것은 브뤼셀에 왔다면 이 동상은 한번쯤 보고 가야하니까. 절대 같이 실망하자는 의미에서가 아니다. 그리 멀리 있는 것도 아니고 그랑 플라스에서 조금만 내려가면 된다.

이름 : 예술의 언덕
위치 : Rue Royale 2-4 1000 Bruxelles

나 개인적으로는 브뤼셀에서 가장 좋았던 관광지. 그랑 플라스에서 브뤼셀 중앙역 바로 옆에 위치한 이 자그마한 계단 언덕은 언덕 위에서 바라보는 브뤼셀의 풍광도 풍광이지만, 무엇보다도 국제 회의장과 왕립 도서관 사이에 펼쳐진 작은 정원이 아름다운 곳이다. 아직도 이곳 계단에 앉아 멍하니 풍경을 바라보던 기억이 잊혀지지 않는다. 사실은 계단을 다 오르고 난 뒤 힘들기도 힘들고 맥주를 마신 취기가 남아서 그랬지만은... 아무튼 맥주 마시러 갔던 내가 강력히 추천하는 곳. 여러분도 날씨 좋은 날 맥주 한잔 마시고 계단을 올라 풍경을 바라보는 이 경험을 직접 느껴보시길 바란다.

이름 : 생 미셸 성당
위치 : Place Sainte-Gudule 1000 Bruxelles

300여 년이 걸려 16세기에 완성된 고딕 양식의 성당. 그 세월이 무색하게 내·외관이 아주 깨끗하게 잘 보존되어 있다. 벨기에의 수호 성인인 미셸을 기리는 곳. 특히 이 성당 중앙에 위치한 스테인드글라스는 유럽에서 가장 아름답다는 평가를 받는단다. 안타깝게도 나는 예술에 문외한이어서 그 가치를 알아보진 못했지만, 벨기에 최고의 성당인 만큼 한번 가봄직 하다. 그랑 플라스에서 오줌싸개 동상과는 반대 방향으로 쭉 올라가면 나온다.

이름 : Le Bier Circus

위치 : Rue de l'Enseignement
57 1000 Bruxelles

월–화 휴무 / 수–금 오전 9시 ~ 오전 12시
토–일 오전 7시 30분 ~ 오후 7시 30분

1993년 오픈하여 어느덧 20년차로 브뤼셀 맥주 씬의 터줏대감으로 자리 잡고 있는 레스토랑. 우수한 맥주 셀렉션과 간단한 요리 메뉴를 갖고 있는 레스토랑으로, 특히 이 집의 요리들은 조리 과정에 맥주를 사용하여 맥주와의 궁합을 한층 높이 끌어올렸다. 찾아가는 것은 어렵지 않다. 그랑 플라스에서 생 미셸 성당을 지나 조금만 걸어가면 된다.

이름 : Chez Moeder Lambic Saint-Gilles

위치 : Rue de Savoie 68 1060 Saint-Gilles

오후 4시 ~ 오전 3시
http://moederlambic.eu/

벨기에를 방문하는 우리 같은 관광객들은 보다 찾아가기 쉬운 무더르 람빅 폰타나스을 주목하지만, 사실 25년의 역사를 자랑하는 이들의 시작은 이곳, 상 질레였다. 브뤼셀 시내와는 조금 떨어진 외곽에 있어 찾아가기가 쉽지는 않으나, 이곳의 작고 아늑한 분위기는 무리해서라도 찾아오길 잘했구나 하는 생각을 들게 한다. 관광지와 떨어져 있어 조용한 분위기를 원하는 사람들에게도 딱 좋을 듯. 트램을 타고 오타Horta 역이나 바리에르Barriere 역에서 조금만 걸으면 된다.

이름 : À la Mort Subite

위치 : Rue Montagne aux Herbes
Potagères 7 1000 Bruxelles

월-토 오전 10시 ~ 오전 1시
일 오후 12시 ~ 오전 1시
http://www.alamortsubite.com/

1910년 라 쿠르 로얄La Cour Royale라
는 이름으로 차려진 펍. 이후 1928년 당시
유행하던 카드 게임 이름인 모트 수비트
Mort Subite의 이름을 따 지금의 이름이
되었고, 1970년에는 람빅 양조장이던 알
캔 매에즈Alken-Maes에 인수되어 지금과
같이 람빅을 판매하기 시작했다. 비록 양
조장은 이런저런 우여곡절 끝에 하이네켄
Heineken에 인수되었지만, 이곳 펍 만큼
은 여전히 1928년의 모습 그대로 운영되고
있다. 찾아가는 것도 어렵지 않다. 그랑 플
라스에서 쇼핑 아케이드인 갤러리 드 롸를
지나가기만 하면 된다.

토막 이야기 : 맥주의 재료 네 가지

맥주를 만들 때 빠질 수 없는 재료 네 가지가 있다. 바로 물과 곡물, 홉, 효모가 그것. 물론 벨기에 맥주를 보면 일부는 이 네 가지 외에 다른 재료들이 더 들어가기도 하고, 심지어는 여기서 홉이 빠지는 경우도 있지만, 아무튼 세상에 존재하는 맥주 대부분에는 이 네 가지 재료가 필수임은 부정할 수 없는 사실이다. 그런 네 가지 재료들에 대해 간단히 정리해 봤다.

물

역사적으로 오랫동안 사랑 받아온 양조장의 위치를 보면 대부분 좋은 수원지를 끼고 있는 경우가 많다. 그도 그럴 것이, 물은 맥주의 대부분을 차지하는 성분이기 때문이다. 좋은 물 없이 좋은 맥주가 나오기는 힘들다.

맥주에 있어 좋은 물을 결정하는 기준은 바로 물속의 염, 그러니까 미네랄 성분이다. 이는 단순히 어느 성분이 많고 적고에 따른 것이 아니라 만들고자 하는 맥주의 스타일에 따라 달라진다. 예를 들어 몰트와 홉의 맛이 섬세한 체코 필스너는 전체적으로 미네랄 농도가 낮은 연수가 좋은 반면, 카랑카랑한 홉의 풍미가 중요한 IPA와 같은 스타일은 미네랄 농도가 높은 경수가 어울리는 식이다.

한편 오늘날에도 물은 여전히 중요하지만 딱히 좋은 수원지를 찾을 필요는 없게 되었는데, 과학기술의 발달에 힘입어 양조장에서 직접 물속의 미네랄들을 조정할 수 있게 되었기 때문이다. 더 이상 물맛 좋은 곳을 찾아 헤맬 필요가 없다는 것.

곡물

맥주 하면 떠오르는 곡물은 단연 보리다. 이미 맥주라는 말 안에 보리가 들어있지 않은가. 하지만 영어로 beer라는 단어 안에는 단순히 보리를 발효시켜 만든 술이 아닌, 곡물을 이용해 만든 발효주라는 의미가 담겨있다. 그러니까 beer는 보리 뿐 아니라 다른 곡물들도 들어갈 수 있다는 것. 어떤 곡물이든 효모가 먹을 수 있는 당분만 제공할 수 있다면 beer가 될 수 있는 것이다.

그러나 그럼에도 맥주를 대표하는 곡물은 보리일 수밖에 없는데, 먼저 단단한 겉껍질을 가지고 있어 양조 과정에서 중요한 필터 역할을 한다는 점. 맥주에 사용되는 곡물들 중 밀과 함께 유이하게 곡물 속 전분을 효모가 소화할 수 있는 당으로 분해해주는 아밀라아제 효소를 갖고 있다는 점에서 그렇다. 즉 보리나 밀이 들어가지 않으면 다른 곡물들만으로는 맥주를 만들 수 없다는 것이다.

한편 맥주 보리는 주로 북위 45도에서 55도 사이에서 재배되며, 여러 보리 품종들 중에서도 두줄보리와 여섯줄보리가 주로 사용되고 있다. 이렇게 재배된 보리는 바로 맥주에 들어가지는 않고 싹을 틔운 다음 건조시키거나 볶는 과정인 몰팅malting을 통해야만 사용이 가능하다. 싹을 틔우는 과정에서 보리에 아밀라아제가 형성되며, 건조 혹은 볶는 과정을 통해 보리의 색과 맛이 결정되기 때문이다. 이런 몰팅 과정을 거친 것을 바로 몰트malt라고 부른다. 물론 경우에 따라서는 이러한 몰팅 과정을 거치지 않은 곡물을 바로 사용하기도 한다.

홉

맥주의 역사 7천 년. 그러나 홉이 사용된 것은 단 1천 년이 되지 않는다. 문헌에 의하면 홉이 맥주에 사용된 최초의 기록은 1067년, 수녀인 헬데가드 Hildegard가 남긴 것이 최초. 이후 1300년대가 되어서야 유럽 대륙에서 사용되기 시작했고, 1400년대가 되어서야 영국에 상륙할 수 있었다. 이후 독일 맥주 순수령이 발표된 것이 1500년대의 일이니 홉이 제대로 사용되기 시작한 것은 고작 500년 남짓. 그러나 그 짧은 사이에 홉은 맥주에서 빠져서는 안 되는 재료가 되었으며, 오늘날 크래프트 맥주 열풍을 불러온 원동력이기도 하다.

홉에는 수백 가지의 품종이 있고 다 다른 특징을 갖지만 생산 지역에 따라서 크게 두 가지로 분류할 수 있는데 '구세계' 홉과 '신세계' 홉이 그것이다. 구세계 홉은 주로 유럽에서 생산되는 전통적인 품종을 일컫는데, 대게 이 홉들은 쓴맛을 내는 성분이 적고 상쾌한 풀 향기, 희미한 꽃향기와 같은 섬세한 풍미가 주를 이룬다. 특히 이들 중에서 체코의 자텍Žatec 지방에서 생산되는 싸츠Saaz, 독일의 테트낭Tettnang 지방에서 생산되는 테트낭과 같이 쓴맛이 적고 풍미가 좋은 홉들은 노블홉이라고 불리기도 한다. 한편 '신세계' 홉은 주로 미국과 호주, 뉴질랜드에서 생산되는 신개발 품종인데, 구세계 홉과는 달리 쓴맛 성분이 많고 진한 과일, 솔잎과 같은 풍미를 낸다는 것이 특징이다.

한편 맥주에 있어 홉의 역할은 쓴맛을 비롯한 특유의 풍미를 더하는 것 외에도 맥주의 부패를 막는 방부 효과도 갖고 있다. 여러모로 맥주에서 빠질 수 없는 재료.

효모

효모가 없다면 맥주를 비롯한 모든 술도 없다. 술을 만드는 1등 공신은 양조가가 아니라 바로 이 효모이다.

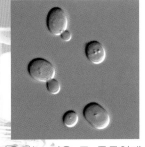

다시 한 번. 맥주의 역사가 7천 년이지만 술을 만드는 과정에 효모가 관여한다는 사실이 발견된 것은 단 200년이 채 되질 않는다. 술을 그렇게 오랫동안 만들어 왔건만 효모가 당을 먹고 에탄올과 이산화탄소를 만든다는 사실을 밝혀낸 것은 1857년 파스퇴르의 업적. 이후 1883년 칼스버그 양조장의 과학자가 효모의 순수 배양에 성공하면서 비로소 현대적인 양조가 시작된 것이다.

한편 이 효모에는 다양한 종류가 있으나 양조에 주로 사용되는 것은 두 종류인데 Saccharomyces Cerevisiae와 Saccharomyces Carlsbergensis가 그것이다. 앞의 녀석은 상온·상면에서 발효하는 에일 효모, 뒤의 녀석은 저온·하면에서 발효하는 라거 효모로 이런 분류 속에서도 또 다양한 변종들이 있어 발효 과정에 에탄올과 이산화탄소 말고도 어떤 부산물을 만들어내느냐에 따라 맥주의 스타일이 결정되기도 한다. 이 외에도 람빅의 발효에 관여하는 브레타노미세스Brettanomyces가 있는 등, 맥주를 만드는데 아주 중요하면서도 복잡한 세계를 갖고 있는 재료이다.

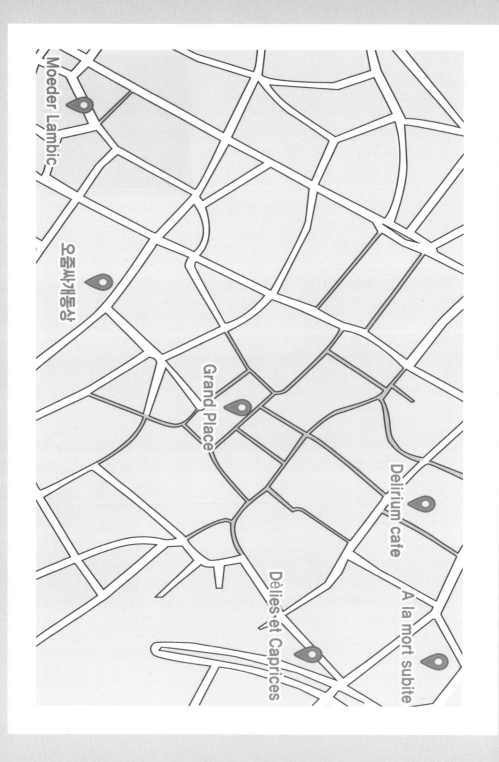

벨기에에
마시러 가자

안트베르펜

안트베르펜을 대표하는 벨지안 페일 에일

벨기에 제 2의 도시 안트베르펜. 네덜란드와 국경을 맞대고 있는 이 도시는 북해로 통하는 스헬데 강을 끼고 있는 덕에 유럽 제 2의 항구도시로서 예부터 벨기에의 산물들이 모이는 요충지로 알려져 왔다. 17세기 바로크 양식의 거장 루벤스가 이 도시에서 활동했으며, 파트라슈가 나오는 동화 '플랜더스의 개'의 배경이 되는 도시가 바로 안트베르펜이다.

이런 안트베르펜을 대표하는 맥주는 무엇일까. 벨기에의 산물들이 모이는 요충지였던 만큼 웬만한 벨기에 맥주들은 다들 즐길 수 있었겠지만, 그럼에도 항구 노동자들의 목마름을 달래 줄 맥주는 따로 필요했을 것이다. 애비 비어Abbey Beer처럼 도수가 강하지도 않고, 람빅처럼 맛이 너무 강하지도 않은, 그래서 목마를 때 부담 없이 마실 수 있는. 그리하여 벨지안 페일 에일Belgian Pale Ale이 탄생했다. 사실 이 벨지안 페일 에일은 안트베르펜에 위치한 한 양조장과 궤를 같이 한다 해도 과언이 아니다. 바로 드 코닝De Koninck 양조장이 그것이다.

1833년, 드 코닝 양조장이 생기면서 당시 창립자였던 요하네스 버블릿 Johannes Vervliet이 개발한 벨지안 페일 에일은 여타의 벨기에 맥주와 비슷한 듯 다른 듯 벨기에 맥주 같다는 것이 특징이다. 영국으로 통하는 북해를 앞마당으로 삼고 있는 항구도시여서 그런 것일까. 이 맥주는 여타 벨기에 맥주에 비해 몰트나 홉의 풍미가 더욱 잘 드러난다는 점에서 비슷한 이름의 스타일인 영국식 페일 에일English Pale Ale을 많이 닮았다. 특히 이는 유럽 국가들 간 인원과 물자 이동이 잦았던 두 번의 세계대전을 통해 더욱 닮게 되는데, 오늘날 우리가 접하는 벨지안 페일 에일은 2차 세계대전을 통해 완성된 형태라고 한다.

물론 그렇다고 해서 벨지안 페일 에일이 마냥 영국식 페일 에일 같은 것은 아니다. 맥주대국 벨기에의 자존심이 있지 않은가. 아무리 몰트와 홉의 풍미가 잘 살아있다 한들, 그 안에는 벨기에 맥주답게 벨지안 효모의 특징인 스파이시spicy 함이 잘 내재되어 있다. 특히 이는 어떤 첨가물이 들어가지 않은 순수한 벨기에

효모의 정수라 더욱 그렇다. 마시다 보면 '벨기에 맛'이 희미하게나마 드러나는 게 과연 피는 못 속인다 싶다.

한편 이 스타일은 최근 조금씩 사라지는 추세이다. 아무리 그래도 역시 영국식 페일 에일과 유사하여 개성이 부족하다는 점이 걸리는 것일까. 그래도 다행히 이 스타일의 양대 산맥이라 할 수 있는 드 코닝과 팜Palm은 건재하다. 특히 드 코닝은 오랜 가족 경영 체제 끝에 2010년 듀블 몰트갓Duvel Moortgat에 인수되긴 했으나 여전히 독자적인 브랜드로서 경영권을 보장받고 있으며, 최근에는 안트베르펜  시내에 새로운 체험 센터를 짓는 등 여전히 건재한 모습을 보이고 있다.

아쉽게도 2015년 현재는 안트베르펜 오리지널의 벨지안 페일 에일을 국내에서 접할 방법은 없다. 드 코닝이 과거에 잠시 수입된 적이 있긴 했으나 현재는 그 수입사가 사라진 상태이다. 그나마 비슷한 스타일이 후에 소개할 좃Zot 맥주(욕 아니다). 그러니 안트베르펜을 가거든 어느 펍이든 레스토랑이든 찾아가서 이렇게 말해 보자. '아 볼레케 코닝a bolleke koninck.(드 코닝 한잔 주세요)' 그리고 즐기자.

스파이시

말 그대로 향신료스런 느낌을 표현하는 말. 후추, 육두구, 페놀 등등 알싸한 맛을 표현할 때 쓴다. 주로 효모가 만들어 내는 맛으로, 벨기에 맥주들은 대게 이 맛이 나는 경향이 있다.

잇 안트바르프스 비르하위스커

Hoogstraat 14 2000 Antwerpen

브뤼셀을 벗어나 향한 첫 도시는 안트베르펜. 벨기에라는 나라는 워낙 작아서 브뤼셀에서 어디든 기차로 한두 시간이면 충분히 갈 수 있다. 안트베르펜 역시 마찬가지이다. 브뤼셀 남역에서 직통열차를 타고 50분. 한 시간도 아니고 단 50분이면 충분히 도착할 수 있다. 도착하자마자 반겨주는 건 안트베르펜 역. 세계 4대 기차역으로 꼽히는 이 아름다운 기차역은 1905년에 완공되어 100년이 넘는 역사를 자랑하고 있다. 기차역답게(?) 내부는 다소 복잡하지만, 화려하게 장식된 내·외관을 구경하고 있으면 시간이 금방 흘러간다.

역 구경을 마치고 향한 곳은 성모 대성당. 이 안트베르펜 장의 표지 이미지로도 사용된, 고딕 양식으로 멋지게 지어진 이 성당은 벨기에에서 가장 높고 큰 성당이자 유럽에서도 세 번째로 높은 첨탑을 지니고 있다. 역에서는 꽤 먼 거리이지만, 일단 이곳에 도착하면 우리말로 '큰 시장'을 의미하는 흐로터 마르크트 Grote Markt 광장과 시청사가 바로 옆이기에 천천히 걸어가기로 한다. 혼자 느긋이 여행하는 나에겐 어차피 남아도는 게 시간이기도 하고, 무엇보다 이렇게 도시 구경을 하는 것이 즐겁다.

예스런 느낌이 잔뜩 담겨진 도시를 천천히 걸어 성당 구경도 하고 만국기가 꽂힌 시청사에서 태극기도 찾으며 향한 곳이 바로 엇 안트바르프스 비르하위스 커't Antwaerps Bierhuiske. 우리말로 '안트베르펜의 맥주집' 정도가 되는 이곳은 시청사 가까이에 있으면서 무려 300가지가 넘는 보틀 리스트를 자랑하는 곳으로 맥주 매니아들에게 잘 알려져 있다.

흐로터 마르크트 광장에서 나와 골목으로 조금만 들어가면 나오는 이 펍은 그리 크지 않다. 길가에 테이블 몇 개, 실내에는 안쪽으로 쭉 뻗은 바와 뒤편에 정말 작은 테이블들, 맨 안쪽에 4명 정도가 앉을 수 있는 테이블 몇 개가 전부이다. 하지만 실내의 사방에는 홉 덩굴들이 장식되어 있고, 바 뒤편에는 갖가지 맥주들의 전용잔, 안쪽 벽면에는 알폰소 무하의 그림을 모작한 아르누보풍 여인의 일러스트와 보틀 리스트들이 잔뜩 적혀있다. 살짝 어둑한 조명도 그 모던한 분위기를 더 배가시킨다.

자리를 잡고 탭 리스트를 보니 후블론 쇼페Houblon Chouffe, 세종 듀퐁 Saison Dupont, 트리펠 카르멜리엣Tripel Karmeliet과 같은 이름만 들어도 알만한 맥주들이 잔뜩 적혀있다. 호기심에 먼저 후블론 쇼페를 주문해 보았다.

후블론 쇼페는 벨지안 IPABelgian IPA의 하나로 최근 대세라 할 수 있는 미국 크래프트 맥주 중에서도 대표주자인 IPA를 벨기에 식으로 해석한 것이다. IPA가 홉의 맛을 극대화 시킨 맥주라면 벨기에 맥주들은 대체로 효모의 맛을 극대화 시킨 스타일들인데, 벨지안 IPA는 두 다른 특징을 절충시킨 스타일이라 할 수 있다.

잔을 받아드니 과연 벨기에 맥주답게 풍성한 거품이 가장 먼저 눈에 들어온다. 향에서는 반면 IPA다운 홉의 아로마, 그 중에서도 레몬에 가까운 시트러스가 느껴진다. 맛은 어떠한가. 전체적으로 달콤한 베이스에 홉의 파이니함과 시트러

시함이 함께 느껴진다. 그러면서도 IPA라면 보통 느껴지는 홉의 쓴맛은 상당히 절제되어 거의 느껴지지 않으며, 9도의 맥주답지 않게 약간의 알코올만이 느껴질 뿐이다. 정말로 잘 만든 맥주. 벨기에 맥주들이 대부분 홉을 많이 쓰는 편은 아니고, 벨지안 IPA가 비교적 최근에 등장한 스타일이기에 양조가들에게 그다지 친숙한 스타일은 아니건만 어찌 이렇게 잘 뽑아냈나 연신 감탄했다. 역시 벨기에 양조가들 정도 되면 이런 '홉 떡칠' 맥주는 우습다는 건가?

다음으로는 포페링스 호멀비어Poperings Hommelbier를 마셨다. 이 맥주는 꼭 한번 마셔보고 싶었던 맥주인데, 어찌된 연유인지 읽는 맥주 서적마다 이 맥주의 사진이 등장했던 것이다. 그림의 떡 같은 맥주였달까. 게다가 이름에 대놓고 홉 맥주라고 하니 어쩐지 범상치 않게 여겨지기도 했었고 말이다. 홉 산지로 유명한 포페링에 지방의 홉을 아낌없이 사용한 이 맥주는 설명만 들었을 때에는 홉을 많이 쓰는 아메리칸 페일 에일이나 IPA를 연상할 수 있지만 실제로는 매우 다르다. 홉이 많이 들어갔을지언정 그 품종은 다른 것. 미국산 홉이 보통 시트러스, 솔, 열대 과일 캐릭터라고 한다면 유럽산 홉은 허브, 흙, 꽃으로 많이 표현하는데 이 맥주가 딱 그 모양이다. 향에서 홉의 흙, 허브 같은 냄새가 나더니 맛 역시 마찬가지이다. 그러면서도 벨기에 맥주 아니랄까봐 효모에 의한 여러 에스테르, 스파이시함도 함께 느껴진다. 그리고 이어지는 홉의 쓴맛. 여러모로 흥미로운 맥주로, IPA를 생각하고 마신다면 실망하기 딱 좋지만, 홉을 좋아한다면 한번쯤 경험삼아 접해볼만한 맥주라는 생각이 들었다.

이렇게 간단하게 두 잔을 마신 나는 펍을 나서 스헬더 강변을 천천히 걸어 안트베르트항의 MAS 박물관으로 향했다. 맛있는 맥주도 마시고 이국적 풍경의 강변을 따스한 햇살 속에 걸으니 이보다 더 좋을 순 없었다.

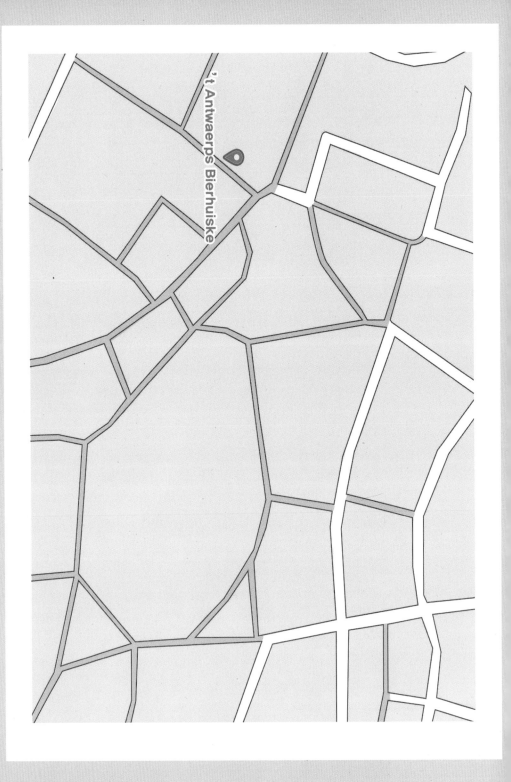

't Antwaerps Bierhuiske

퀼미나토르

다양한 스타일과 수많은 맥주들을 가진 맥주 대국 벨기에. 그런 만큼 좋은 펍들도 많다. 그런데 이 좋은 펍들 중에서도 옥석을 가릴 수 있다면 어디가 될까? 어려운 질문 같지만, 사실은 아주 쉬운 문제다. 정답은 바로 이곳, 퀼미나토르 Kulminator이다.

벨기에의 여느 맥주 명소들이 그러하듯 이곳 역시 디르크 판 디크Dirk van Dyck와 레인 바우데베인Leen Boudewijn 노부부가 함께 운영하고 있다. 1974년에 처음 개업하여 현재에 이르기까지 40년의 역사. 그동안 이 펍은 모든 맥덕후들이라면 죽기 전에 반드시 가 보아야 할 성지로 올라섰다. 과거 독일에서 생산되던 맥주의 이름을 따온 이 펍은 재미있게도 최초에는 펍이 아닌 보데가Bodega라는 이름의 와인 바였다. 그러던 어느 날, 부부는 시메이Chimay 수도원을 방문했고 이 경험이 모든 걸 바꿔 놓았다. 그날 이후로 부부는 와인 바를 펍으로 바꾸고 이름도 당시 디르크가 수입하던 독일 맥주 EKU 28의 이름, 퀼미나토르로 바꾸었다. 그러고는 맥주를 수집하기 시작했다. 그렇게 40년... 맥주에 빠진 한 부부의 헌신이 이 펍을 오늘날 세계적 맥주 평가 사이트인 레이트비어ratebeer에서 1위로 꼽는, 맥덕후들의 성지로 올려놓은 것이다.

MAS 구경을 마친 나는 스헬더 강변을 따라 천천히 성모 마리아 성당으로 돌아와 밥을 먹었다. 퀼미나토르에서는 특별히 식사로 삼을 만한 음식을 판매하지 않기 때문에 미리 배를 채워두는 게 중요하다. 빈속에 술을 부을 순 없는 노릇이니. 길거리 음식들로 적당히 배를 채운 뒤 퀼미나토르로 향했다. 성모 마리아 성당에서 천천히 걸어 10분 거리. 거리의 상점들을 구경하며 천천히 걷다 보면 어느새 라임색 간판이 보인다. 펍의 입구 옆에는 세계 여러 언어들의 인사말이 적힌 액자가 걸려있는데, 그중에는 한글도 있어 반갑다.

실내는 아주 아늑하다. 다소 특이한 형태의 바가 있고 뒤에는 작은 테이블들이 몇 개 놓여있다. 안쪽에는 조금 큰 테이블들이 놓여있다. 바와 그 안쪽이 참 잘 꾸며져 있는데, 홉 넝쿨, 맥주 전용잔, 코르크 마개, 여러 가지 맥주병 등등.

벨기에에 마시러 가자

조명도 어둑한게 맥덕후라면 누구든지 아늑하게 느낄만한 인테리어로 되어 있다. 다만 내가 갔을 땐 딱 오픈할 시간이었던지, 밖에 세울 입간판들이 아직 안에 있어 다소 어수선한 분위기였다.

자리를 잡은 나는 뭘 마실까 하다 주인 할머니인 레인 여사께 추천을 부탁드렸다. 할머니가 추천해주신 맥주는 더 스트라위서 파네폿De Struise Pannepot 양조장의 스페셜 리저브 2010Special Reserve 2010. 더 스트라위서 양조장의 간판 맥주인 파네폿을 3년간 포트port 배럴에서 숙성 시킨 맥주이다. 할머니 말로는 할아버지가 매일 한 잔씩 드신단다. 과연 추천해주신 맥주답게 전체적으로는 달콤하면서도 어두운 색 베리류의 향, 배럴이 주는 나뭇진 맛이 어우러지는 것이 단 한 모금에도 굉장한 맥주라는 것이 느껴졌다. 과연 할아버지께서 매일 드실 만했다. 세상에 이런 걸 매일 마실 수 있다니, 맥덕후로서 어찌 부럽지 않겠는가.

테이블에 혼자 앉아서 맥주를 마시며 감탄하고 있는 와중, 앞의 바에 앉아있던 백인 아저씨가 같이 마시자고 날 부른다. 뒤에서 봤을 때도 웬 맥주 축제 티셔츠를 입고 있는 게 '아 저 사람도 맥덕후구나' 싶었는데, 이야기를 해보니 과연 그랬다. 이름은 후지오카 켄Fujioka Ken. 일본 사람 같지만 일본계 3세의 미국 사람으로 본업은 의사인데 부업으로 잡지에 맥주 관련 글을 쓰곤 한다. 여기는 본업의 출장차 네덜란드에 왔다가 도저히 그냥 갈 수가 없어서 왔단다. 그러면서 여러 가지 맥주들을 맛보고 싶은데 같이 나눠 마시자는 제안을 한다. 혼자서 마시면 많이 못 마신다고. 고맙지만 부담스러운 제안이라 거절할까도 했지만 자신을 위해 해달라고 하니 거절할 도리가 없다. 덕분에 좋은 맥주들을 많이 얻어마시게 됐다.

바로 자리를 옮겨 앉으니 가장 먼저 보이는 것은 보틀 리스트. 켄지 아저씨가 보고 있던 건데, 무슨 보틀 리스트가 과장 하나 안 보태고 전화번호부만하다. 같이 마신 첫 번째는 트라피스트 수도원인 라 트라페La Trappe의 쿼드루펠 오크 에이지드 배치 넘버 원Quadrupel Oak Aged Batch #1. 그냥 먹어도 맛있는 맥주를 여러 오크 배럴에서 숙성시켜 블랜드한

맥주이다. 쿼드루펠다운 달콤한 맛과 마치 버번 위스키를 마시는 듯한 강렬한 나뭇진 맛이 잘 어울린다. 10도의 도수가 무색하게 달콤하게 술술 넘어간다.

두 번째는 처음 마셨던 더 스트라위서 양조장의 스베아 IPASvea IPA. 앞서 마신 후블론 쇼페와도 같은, 요즘 유행하는 벨지안 IPA 스타일의 맥주이다. 과연 벨지안 효모의 스파이시함이 느껴지는 가운데 홉의 시트러스도 잘 느껴진다. 스톡홀름의 한 카페만을 위해서 만들어지는 맥주라는데, 어떻게 이곳에 들어온 건지는 모르겠지만 이 정도면 여기저기 판매되어도 괜찮지 않을까 하는 생각이 들었다.

세 번째는 세종으로 유명한 뒤퐁Dupont 양조장의 아벅 레스 본스 포외크스 Avec les Bons Voeux. 개인적으로 참 좋아하는 맥주로 벨기에 효모 특유의 스파이시함은 거의 없으면서도 꽃과 과일의 화사한 에스테르는 폭발하는, 벨기에 효모의 진수를 보여주는 맥주이다. 이 녀석도 도수가 9.5도에 달하는데, 그런 느낌 전혀 없이 술술 들어간다. 언제 마셔도 참 좋은 맥주이다.

네 번째가 이날의 압권이었는데, 바로 트라피스트 맥주인 로슈폴 10Rochefort 10의 2003년 빈티지. 무려 10년을 넘게 묵힌 것이다. 감탄스럽게도 맛도 향도 모두 맥주보다는 포도주스에 가까웠다. 10년의 세월 동안 맥주에 도대체 무슨 일이 일어났단 말인가...

사실 이렇게 오래 묵은 맥주를 내 놓는 것이 바로 퀼미나토르의 최대 강점이자 이곳을 성지로 일컫는 이유이다. 보틀 리스트를 펼쳐보면 안에는 퀼미나토르가 취급하는 맥주의 이름과 도수, 크기, 가격, 빈티지(병입연도)가 빽빽이 적혀있었다. 사정이 이렇다 보니 보틀을 주문하면 마시기까지는 시간이 조금 걸리는 편인데, 할아버지가 지하 셀라로 내려가서 찾아 오셔야 하기 때문. 보틀 리스트를 보면서 켄지 아저씨랑 둘이 '오 마이 갓, 언빌리버블'하며 감탄사를 연신 늘어놓고 있자니 앞의 할머니께서 슬며시 웃으시는데 그 여유로운 미소에서 얼마나 포스가 느껴지던지...

　이쯤 되니 두 사람 모두 슬슬 취기가 오른다. 우린 모두 술은 주문하되 쓰던 노트는 접고 대화에 집중했다. 자기 고향에서 요즘 핫한 맥주 이야기, 홈브루잉 같은 덕스런 주제에서부터 꿈, 사는 이야기와 같은 개인적인 이야기까지. 내겐 여행은 혼자 다녀야 한다는 지론이 있지만, 이때만큼은 같이 할 수 있는 사람이 있어 좋았다. 다양한 이야기를 나누고 맥주도 나눠가며 더욱 많이 마실 수 있었으니까. 무얼 더 마셨는지는 기록해 두지 않았지만, 좋은 곳에서 좋은 사람과 좋은 맥주를 마셨던 즐거운 기억만은 지금도 선명하다.

벨기에에 마시러 가자

이름 : 안 드 스트룸 박물관
위치 : Hanzestedenplaats 1 2000
Antwerpen

스헬더 강을 천천히 따라 올라가면 유리와 붉은색 벽돌(?)이 겹쳐진, 멋지구리한 건물이 하나 나오는데 바로 이곳이 안드 스트룸 박물관, MASMuseum aan de Stroom이다. 독특한 외관으로 주목받는 현대 건축 중 하나이기도 한 이곳은 안트베르펜항이나 안트베르펜의 역사와 같은 분야는 물론이고 인류, 문화, 정치, 경제 등등 다양한 부문에 대하여 전시하고 있다. 최근에 개장한 박물관답게 단순히 전시만 하는 영역에서 벗어나서 많은 것들을 방문자가 직접 체험해 볼 수 있도록 잘 꾸며져 있다. 옥상에는 전망대도 있으니 반드시 들러봐야 할 곳. 폐관 시간 가깝게 가서 여유롭게 둘러보지 못한 게 아쉬웠던 곳이다.

이름 : 안트베르펜 성모 대성당
위치 : Groenplaats 21 2000 Antwerpen
어릴 적 보던 만화 플랜더스의 개의 마지막 장면을 기억하는가? 크리스마스 날 네로와 파트라슈는 성당의 한 그림 앞에서 죽게 된다... 바로 이 플랜더스의 개의 배경이 되는 곳이 안트베르펜이고, 이들이 죽은 성당이 바로 이 성모 대성당 Cathedral of Our Lady이다. 그리고 이들이 바라보았던 그림이 바로 17세기 바로크 미술을 대표하는 거장 루벤스의 〈십자가에서 내려지는 예수 그리스도〉. 전성기 루벤스는 안트베르펜에 화실을 두고 활동했는데, 덕분에 성모 대성당에는 루벤스의 그림들이 여럿 있다. 뭐 나 같은 경우에는 딱히 그림에 관심이 없어서... 참 멋있는 성당이지만, 그 높은 첨탑에 올라갈 수 없는 게 아쉬웠던 곳.

이름 : Oud Arsenaal

위치 : Maria Pijpelincxstraat 4 2000
Antwerpen

월-화 휴무
수-금 오전 9시 ~ 오전 12시
토-일 오전 7시 30분 ~ 오후 7시 30분

안트베르펜 시내에 위치한 작고 아늑한 펍. 하지만 그 역사는 무려 90년에 달한다. 1924년에 생겨 큰 변화 없이 지금까지 유지하고 있는, 안트베르펜 맥주 씬의 한 세기를 기억하고 있는 펍. 이렇게 오랜 역사를 가질 수 있었던 배경에는 역시 뛰어난 맥주 셀렉션, 그리고 착한 가격이 존재한다. 여행객들보다는 지역 주민들이 많이 찾는 곳으로, 특히 람빅과 같은 사워 비어에 특화된 곳이다. 안트베르프 역에서 걸어서 15분 정도 거리에 위치하고 있다.

이름 : Brouwerij De Koninck

위치 : Mechelsesteenweg 291 2018
Antwerpen

http://www.dekoninck.be/en
2015년 봄부터 투어 가능

1833년에 창립되어 안트베르펜과 벨지안 페일 에일을 대표하는 양조장으로 성장한 드 코닝 양조장. 이 양조장에 대한 이야기는 이미 앞에서 수없이 언급한 바 있다. 그렇다면 기왕에 안트베르펜까지 온 거, 한 번 들러봐 줘야 하지 않을까. 안타깝게도 내가 안트베르펜을 찾았을 때는 양조장의 방문자 센터가 오랜 공사에 들어가는 바람에 그럴 수가 없었다. 하지만 드디어, 오랜 공백 끝에 2015년 봄, 드 코닝의 맥주를 체험할 수 있는 새로운 방문자 센터가 오픈했다. 안트베르펜 중앙역에서 트램을 타고 안트베르펜 하모니Antwerpen Hamonie 역에서 하차, 큰길 따라 조금만 걸어가면 드 코닝 양조장이다.

맥주와 음식의 페어링

흔히 와인을 이야기할 때 빼놓을 수 없는 것이 바로 마리아주Mariage이다. 와인과 음식의 궁합. 와인의 종류, 사용된 포도의 품종은 물론이고, 심지어는 떼루아Terroir라고 하여 어느 지역의 어느 농장에서 재배되었는지까지 따져가며 음식과의 궁합을 맞추는 모습을 보면 감탄이 나오다 못해 질릴 지경이다. 그런데 흔히들 맥주는 와인만큼 다양하다고들 하는데 맥주라고 마리아주를 못할 이유가 있을까? 당연히 가능하다.

사실 마리아주 라는 건 특별한 개념이 아니다. 사람이 음식을 먹을 때 그 맛의 궁합을 따지는 것은 너무나도 당연한 일이 아닌가. 맥주와 음식 간의 궁합도 마찬가지이다. 가령 예를 들어 치킨을 먹을 때는 다른 여러 좋은 맥주들이 무의미하다. 카*, 하이*와 같은 페일 라거Pale Lager가 최고다. 굴은 어떤가. 우리는 굴을 굳이 술과 함께 먹는다면 소주나 전통주, 또는 사케 정도를 생각하지만 영국에서는 굴을 스타우트와 함께 즐긴다. 이 또한 훌륭한 마리아주이다. 그러니 벨기에 맥주와 음식간의 궁합을 찾는 것도 어려운 일이 아니다. 가령 예를 들어 호가든Hoegaarde과 같은 맛이 가벼우면서도 상큼한 윗비어Witbier는 홍합 요리와 같은 어패류 요리나 양념이 약한 닭 요리, 그러니까 전체적인 맛이 가벼운 음식에 어울린다. 두블Dubbel이나 트리플Tripel 같은 애비 비어Abbey Beer 계열은 어떤가. 바비큐같이 맛이 진한 요리, 혹은 카카오 함량이 높은 초콜릿과 같이 비교적 덜 단 디저트 계열과도 어울린다. 처음 맛 볼 땐 마음대로라도 끊기는 어렵다는 람빅Lambic 계열은 어떤가. 람빅이나 구즈 Guezue와 같이 신맛이 메인인 스타일은 연어같이 기름진 생선 요리에 기가 막히게 어울린다. 한편 프룻 람빅Fruit Lambic은 그 자체로도 훌륭하지만 비슷한 맛의 과일이나 너무 달지 않은 초콜릿, 달콤한 맛의 치즈와도 궁합이 좋다.

사실 이렇게 일일이 모든 맥주의 스타일과 음식간의 궁합을 서술할 수는 없는 일. 대신 어디에서든 몇 가지 간단한 마리아주 공식을 기억해 두면 어디에서든 최소한 실패는 하지 않으리라.

맛이 센 음식은 맛이 센 맥주와, 맛이 약한 음식은 맛이 약한 음식과 매치하라. 반대로 간다면, 즉 맛이 약한 음식을 센 맥주와 매치하거나 센 음식을 약한 맥주와 매치한다면 어느 한 쪽의 맛이 죽을 것이다. 어울리는 맛을 찾아라. 가령 예를 들어 쌉싸레한 탄 맛이나 커피 맛이 부각되는 스타우트 종류라면 달콤쌉쌀한 초콜릿이 어울린다. 이는 특히 맥주와 음식에 들어간 재료 단위로 나눠서 생각해 보면 편하다.

대비를 이뤄라. 비슷한 맛끼리도 좋지만 아예 대비를 주는 것도 나쁘지 않다. 예를 들어 매운 맛은 호피hoppy한 IPA와 잘 어울린다. IPA의 홉이 매운 맛을 더욱 부각시켜 준다. 정 어려우면 벨기에 맥주와 맞춰라. 특히 두블dubbel이나 트리플tripel과 같은 스타일은 맥주 자체에 여러 가지 맛을 지니면서도 어느 한 맛의 도드라짐이 없어 웬만한 경우라도 다들 잘 어울린다. 또 벨기에 맥주에 유독 많은 커다란 병, 매그넘 보틀을 식탁 위에 올려 두면 시각적 효과도 상당하다.

토막 이야기_ 벨기에 맥주와 전용잔

흔히 맥주는 캔이나 병째로 마시기보다는 잔에 따라 마시는 게 좋다고들 이야기한다. 이는 와인을 글라스에 따라 마시는 것과 똑같은 이유인데, 바로 이렇게 해야 맥주가 가진 고유의 향을 즐길 수 있는 것. 캔나발이 편리하고 병나발이 멋있어 보일지는 몰라도, 제대로 즐기기 위해서는 반드시 잔에 따라 마셔야 한다.

그렇다면 잔은 어떤 잔을 사용하는 게 좋을까. 정답은 조금 허무하게도 그 맥주의 전용잔을 사용하는 것이다. 물론 테쿠Teku 잔이라던지 새뮤얼 아담스 보스턴 라거Samuel Adams Boston Lager의 잔과 같이 맥주 테이스팅에 최적화 된 잔들도 있긴 하지만 어디 맥주가 코와 입으로만 마시는 술이던가. 시각과 촉감, 심리적 즐거움과 같은 요소 역시 무시할게 못 된다. 이러다보니 웬만한 맥주 회사들이라면 자사가 생산하는 맥주의 스타일에 따라 전용잔을 한두 개씩 갖고 있기 마련이다. 가령 황금색의 필스너Pilsner라면 얇고 기다란 필스너 잔이라든지, 바이엔슈테판이나 파울라너로 유명한 바이젠Weizen이라면 꽃병 모양의 바이젠 잔이라든지... 이렇게 올바른 잔에 따라진 맥주는 단순히 맛과 향을 보기에 알맞을 뿐 아니라 눈으로 보는 시각, 손에 잡히는 촉감, 심지어 맞는 잔에 따랐다는 심리적 안정감까지 제공한다. 우스갯소리로 맥덕후들은 맥주와 잔, 코스터의 삼위일체를 찬양하며 이를 '맥잔코'라 부른다 카더라.

그런데 벨기에 맥주에 가서는 이게 좀 심해진다. 스타일 별로 맞는 잔을 제공하는 건 기본. 과장 좀 보태서 벨기에 맥주는 각 맥주별로 전용잔이 있다. 오죽하면 좋은 펍을 판단하는 척도 중 하나가 전용잔을 얼마나 충실하게 갖췄는가이랴. 게다가 그 형태도 다양, 아니 기괴하다. 튤립, 고블릿과 같이 클래식한 형태는 기본일 뿐이다. 와인 잔에서 아래의 스템만 잘라 낸듯한 리프만스 프뤼테스Liefmans Fruitesse 잔에서부터 맥주 이름부터가 '뿔'인 브라서리 드블리 라 콘Brasserie d'Ebly La Corne의 뿔 모양 잔. 말로 묘사하기도 힘들 정도로 기괴하게 생긴, 전용 받침대가 없으면 세울 수도 없는 포웰 크왁Pauwel Kwak의 잔에 이르기까지. 사실 이쯤 되면 맛이나 향과 같은 미각적 요소를 중시했다기보다는 마케팅적 요소를 노렸다고 봐야 할 것이다. 여하건 벨기에는 맥주의 다양성 뿐 아니라 그 전용잔에 있어서도 '벨기에다운' 다양성을 자랑한다. 도대체 누가 저런 괴상한 잔을 만들 생각을 하겠는가.

❖ 류트 복비어

❖ 브라서리 드블리 라 콘

❖ 포웰 크왁 ❖ 듀블 ❖ 호가든

어떤 잔을 사용할까?

파인트
PINT

주변에서 쉽게 찾아볼 수 있는 잔이지만 조금 이라도 특별한 맥주라 면 권장하지 않음.

필스너
Pilsner

이름 그대로 필스너 Pilsner.

스니프터
Snifter

발리와인barley wine, 임페리얼 스타우트 Imperial Stout와 같은 고도수 에일.

튤립
Tulip

대부분의 스타일에 어 울린다.

바이젠
Weize

역시 이름 그대로 바이 젠Weizen.

노닉 파인트
Nonick pint

마일드mild, 비터bitter 와 같은 저도수의 영국 식 에일.

고블릿
Goblet

빨기에 맥주, 특히 도수 가 높은 빨지안 스트롱 Belgian Strong 계열.

잉글리시 튤립 파인트
English Tulip
Pint

기네스Guinness와 같은 아이리시 스타우트 Irish Stout

포페링에

포페링에를 대표하는 트라피스트

벨기에 서부, 프랑스와의 국경지대에 위치한 포페링에 Poperinge. 인구가 고작 2만에 불과한, 관광지랄 것도 없는 작은 마을이지만 외지인들, 그것도 맥주 마니아들이 항상 찾는 마을이다. 왜? 바로 트라피스트Trappist 수도원인 베스트블레테른Westvleteren을 찾아서이다.

트라피스트를 이야기하기 위해서는 먼저 애비 비어Abbey Beer, 즉 수도원 맥주에 대해서 이야기해야 한다. 과거 중세시대에는 유럽 전역에 위치한 수도원 대부분이 맥주를 양조했다. 목적은 다양했다. 사순절 금식기간 액체 빵으로써 소비를 위해, 수도원을 찾아오는 손님들을 접대하기 위해, 판매를 통한 수도원의 재정 마련을 위해서. 이러한 맥주의 양조는 수도사들에게 부여된 신성한 의무였으며, 이 의무는 곧 신께 다가가는 기도와도 같은 행위였다.

하지만 영원한 것은 없다고 했던가. 역사가 흐르고 시대가 바뀌며 애비 비어는 조금씩 쇠락한다. 프랑스 혁명은 프랑스 내의 수도원들을 해산시켰으며, 이후 이어진 두 번의 세계대전은 유럽 전역의 수많은 수도원들을 파괴했다. 이렇게 역사가 흐르는 가운데 자본주의라는 새로운 시대의 등장은 어려운 상황에 놓인 수도원들을 강하게 흔들어 놓았다. 결국 오늘날 잘 알려진 레페Leffe를 비롯한 몇 수도원들은 양조를 포기하고 그들 맥주의 레시피와 상표권을 세속의 기업에 내놓게 된다. 이렇게 탄생한 것이 애비 비어이다.

한편 이들 중 일부, 특히 트라피스트회에 소속된 수도원 일부는 직접 양조라는 전통을 버리지 않고 오늘날까지도 고수하고 있는데, 이들이 만들어내는 것이 바로 트라피스트 맥주이다. 이 트라피스트에 해당하기 위해서는 그 조건이 상당히 까다로운데, 먼저 당연히 트라피스트회에 소속된 수도원으로서 수도원 내에 양조 시설을 갖추고 수도사들이 직접 양조를 해야 한다. 또한 이를 통해서 이

윤을 남겨서는 안 되며 단지 수도원의 재원 마련과 자선 활동만을 목적으로 해야 한다. 이러한 양조 활동이 수도원 본연의 목적인 수도 생활을 방해해서는 안 되며, 품질이 까다롭게 관리되어야 하는 것은 물론이다. 사실 초창기에는 트라피스트라는 이름을 사용하는 것이 이렇게까지 까다롭지는 않았는데, 그러다보니 트라피스트 수도원과는 전혀 상관없는 곳에서 트라

피스트라는 이름을 마구 붙이는 바람에 결국 1997년, 트라피스트 수도원들이 모여 ITA(International Trappist Association)를 결속하고는 까다로운 조건을 내걸어 이에 해당하는 제품들에만 트라피스트라는 이름과 로고를 붙일 수 있도록 했다. 이리하여 트라피스트 양조장으로 인정받은 곳은 단 일곱 곳. 벨기에가 로슈포르 Rochefort과 베스트말러Westmalle, 베스트블레테렌Westvleteren, 시메이Chimay, 오발Orval, 아헬Achel의 여섯 곳, 네덜란드가 라 트라페La Trappe 한 곳…이었으나 사실 이것은 2000년대 초반까지의 이야기. 이후 맥주에 대한 사람들의 관심도가 높아지고 덩달아 트라피스트 맥주도 인기를 얻은 덕분인지 2012년 오스트리아의 스티프트 앵갤스첼Stift Engelszell 수도원이 트라피스트 인증을 받더니 2013년에는 유럽도 아니고 무려 미국의 세인트 조셉스 애비St. Jospeh's Abbey가, 2014년에는 네덜란드의 아브데히 마리아 투블뤼흐트Abdij Maria Toevlucht가, 아주 최근인 2015년 5월에는 이탈리아의 트레 폰테네Tre Fontane Abbey가 인증을 받아 현재 총 열한 곳으로 늘어나 있다.

여기까지 읽으신 분들 중에 혹여 눈치 채신 분들이 있을지 모르겠는데, 애비 비어와 트라피스트는 맥주 스타일을 지칭하는 말이 아니다. 이들은 단지 특정하게 생산된 맥주들을 묶는 '중분류' 정도에 불과하다. 실제로 우리나라에도 들어와 있는 애비 비어인 레페Leffe나 상업적이라는 논란에 시달리는 트라피스트인 라 트라페La Trappe를 보면 과일이 들어간 프룻 비어Fruit Beer나 호가든 같은 윗비어 Witbier도 만들고 있음을 알 수 있다. 그러니까 스타일에 상관없이 이들이 만들면 그것이 곧 애비 비어 혹은 트라피스트가 되는 것이다. 그러나 그렇다고 해서 애비 비어와 트라피스트를 대표하는 맥주 스타일이 없는 것은 아니다. 오래 전부터 수도원에서 양조해 온 전통적인 스타일은 있기 마련. 그것이 바로 엥켈enkel과 두블 dubbel, 트리플tripel이다.

읽어 보면 감이 오는 이 세 가지 스타일은 각각 싱글single과 더블double, 트리플triple의 네덜란드어이다. 어원은 간단하다. 맥주를 양조할 때는 먼저 곡물에 물을 붓고 온도를 맞춰주는 방식으로 맥즙을 만들어 내는데, 이 때 얻은 첫 번째 맥즙은 세 번째 맥즙보다 세배 강하다고 해서 트리플, 두 번째는 두블, 세 번째는 엥켈이 되는 것이다. 물론 이는 정말 그러하다기 보다는 수사적인 표현에 가깝고, 또 실제로 이렇게 만드는 경우는 거의 드물지만, 아무튼 세 스타일간에 도수 차이가 나는 것은 확실하다. 대략 엥켈은 4.5에서 6도, 두블은 6에서 7.5도, 트리플은 7.5에서 9.5도가량의 도수를 보인다. 이 중에서 도수가 낮은 엥켈은 주로 수도원 내에서 수사들이 소비하는 목적으로 소비되며, 나머지 두블과 트리플이 시장에 나오게 된다. 벨기에 맥주들이 다들 그렇지만 이 스타일들도 벨기에 효모가 주는 풍미의 결정체라고 할 수 있는데, 저도수인 엥켈은 엥켈대로, 보다 도수가 높은 두블과 트리플은 그 나름대로의 다른 풍미를 보여준다는 것이 독특하다. 꽃향기를 연상시키는 화사한 에스테르, 마치 과일을 한 입 깨문 듯한 과일의 달콤함, 여러 가지 복잡한 향신료의 스파이시함, 도수가 높은 녀석은 알코올의 후끈함 등등... 한번 마셔보면 왜 애비 비어와 트라피스트가 그토록 인기가 많은지 알 수 있을 것이다.

전 세계 단 11곳이라는 희소성과 그 뛰어난 맛, 각각의 양조장들에 얽혀있는 이야기들로 컬트적인 인기를 구가하는 트라피스트, 그리고 트라피스트만큼의 인기는 아니지만 여전히 뛰어나고 가치 있는 맥주를 선보이는 애비 비어. 이 원고를 쓰고 있는 시점에서 우리나라에 트라피스트로는 로슈폴Rochefort과 베스트말러 Westmalle, 시메Chimay, 오발Orval이 들어오고 있으며, 애비 비어로는 레페Leffe

와 플로헤프Floreffe, 그림베르건Grimbergen, 마레드수스Maredsous가 들어오고 있다. 오늘 밤, 벨기에에 직접 가진 못하더라도 이들 맥주를 한번 마셔보는 건 어떨까. 한잔의 트라피스트가 맥주에 대한 여러분의 관념을 깨트려 줄 것이다.

Trappistenweg 23 8978 Watou

혹시 이 책을 읽으시는 분들 중에 포페링에라는 도시, 아니 마을을 아는 분이 얼마나 있을까. 단언컨대 그 수는 우리나라 사람들 전부가 이 책을 읽어도 세 자릿수를 넘어가지 않을 것이다.

솔직히 이런 마을은 아는 것 보다 모르는 게 정상이다. 인구 2만이면 우리나라 기준으로 면이나 동 단위에 해당한다. 도시 이름만 알면 됐지, 무슨 면이나 동 이름까지 안단 말인가. 그런데 맥주 마니아의 입장에서 신트 베르나뒤스St. Bernardus와 베스트블레테렌Westvleteren을 언급한다면 이야기는 달라진다. 이 조그만 마을에 세계적 수준의 양조장 두 곳이 자리 잡고 있기 때문이다. 사실 이 두 양조장간에는 깊은 관계가 있는데, 1992년 '트라피스트 맥주는 수도원 내에서 만들어져야 한다'는 조항이 만들어지기 전까지 베스트블레테렌의 맥주들은 이 곳 신트 베르나뒤스 양조장에서 만들어졌다.

새벽 네시 반, 나는 호스텔의 다른 친구들을 깨우지 않기 위해 조용히, 그러나 부리나케 준비하여 브뤼셀 남역으로 향했다. 양조장 투어가 오전 9시로 잡혀 있기 때문에 일찍 출발해야 했던 것. 브뤼셀 남역에서 5시 30분에 출발하는 기차가 있는데, 포페링에까지 가는 데만 2시간이 걸린다. 기차에 올라타 눈을 붙여봤지만 자리가 불편해서인지 잠이 쉽게 들지 않는다. 잠깐 잠들었다 깼다를 반복

하다 보니 어느새 창밖으로 한국인으로서는 생소하지만 맥주 마니아로서는 동경
(?)해 왔던 풍경이 펼쳐진다. 홉을 재배하는 풍경. 역시 잘 알려지지 않은 사실이
지만 포페링에는 벨기에 홉 생산량의 80%를 차지하고 있다. 잠자는 것을 멈추고
창밖으로 홉이 자라는 풍경을 즐겁게 바라본다. 뭐, 다 왔다는 신호이기도 하고.
그런데 하늘에 먹구름이 잔뜩 낀 게 심상치 않다.

포페링에 역에 도착하니 아니
나 다를까 비가 내린다. 그래도
가방에 3단 우산을 들고 다녀서
다행이다. 우산을 펼쳐 역 앞의
버스 정류장으로 간다. 역에서
양조장까지는 약 8km정도 거리
가 있는데, 시간도 촉박하고 비
도 오고 해서 버스를 타기로 했
다. 이미 구글 지도를 통해 버스

가 있는 것을 확인하고 왔다. 버스정류장에 붙어있는 시간표를 읽는데... 응?

내가 도착한 시간대에 다니는 버스가 없다. 가까운 버스는 세 시간 뒤에나 도
착. 워낙 작은 마을이라 하루에 몇 편밖에 다니질 않는 모양이다. 나중에 안 사
실이지만 심지어 이 버스를 이용하기 위해서는 사전에 전화로 예약을 해야 했다.
구글 지도가 교통 정보만 보여줬지, 시간표 같은 건 따로 눌러보지 않는 이상 표
시하지 않는다는 걸 간과한 나의 잘못이었던 것이다.

잠깐 패닉에 빠졌지만 금방 정신을 차리고 주변을 둘러본다. 그래도 역 주변
인데 택시라도 있지 않을까? 그런 거 없다. 다시 역으로 돌아가 역무원에게 물었
다. 와토우Watou 갈려는데 버스 안 다니냐? 안 다닌단다. 택시 없냐? 역시 그런
거 없단다. 어떻게 가야하냐? 걸어간단다. 다시 물었다. 걸어간단다. 친절하게
주변 지도를 주며 방향까지 가르쳐 준다. 양조장까지 거리는 8km, 투어 시작까
지 남은 시간은 한 시간 남짓.

그렇게 나는 쏟아지는 빗속을 걷기 시작했다. 다행히도 태블릿에 지도를 담아
왔기 때문에 길을 잃을 걱정은 없었다. 마을을 벗어나 도로를 걷다 지름길로 보
이는 흙길을 걷기 시작한다. 주변에 온통 홉 밭이 펼쳐져 있지만 사진을 찍거나
홉이라도 하나 따서 살펴볼 여유가 없다. 가끔씩 보이는 소들은 신기한 표정으로

날 쳐다보고, 신발은 젖어들고, 시간은 점점 흘러가고... 나중에는 걷다 뛰다를 반복했다. 지금이야 이렇게 침착하게 써 내려가지만, 당시에는 정말 힘들었다. 하필 걷기 좋으라고 신은 런닝화는 공기가 잘 통하는 만큼 물도 잘 통해서 발은 흠뻑 젖었고, 예약한 투어 시간은 다가오는데 양조장은 아직 멀었고... 멀리 포페링에까지 와서 고생만 하고 투어도 못 해본 채 그냥 돌아가는 거 아닌가...

그렇게 별별 생각을 다 해가며 고생한 끝에 양조장에 도착했다. 투어 시작 시간은 9시인데 시간은 이미 10분이 지난 9시 10분. 양조장 입구에 도착했는데 문이 잠겨있다. 허탈했다. 이렇게 생고생을 해서 왔는데 문이 잠겨있다니... 고생해서 온 길을 다시 고생해서 돌아가야 하나? 그렇게 고뇌와 좌절에 빠져있을 무렵.

문 안쪽의 방에서 한 무리의 사람들이 나온다. 그러고는 한 할아버지가 문을 열어준다. 오느라 수고했다고, 이제 막 양조장 소개 영상을 보고 난 뒤란다. 그렇게 나는 벨기에 시골 동네 한복판에서 가이드 할아버지에게 구원받았다.

소개 영상은 하는 수 없고 바로 안쪽으로 들어가 양조장 투어를 시작한다. 첫 장소는 물류 창고. 벨기에에서 가장 잘 나가는 양조장들 중 하나인 만큼 상당한 규모를 자랑한다. 팔레트별로 맥주가 쌓여 있는데, 가까운 유럽에서부터 멀리 미국까지 여러 나라들로 수출을 기다리고 있는 게 재미있다. 한국 수출 물량은 없나 찾아봤으나 보이진 않았다.

❖ 세월의 흔적이 그대로 보이는 당화조

❖ 물류창고에 잔뜩 쌓인 케그들

　물류 창고에서 몇 가지 설명을 들은 뒤 양조장으로 들어간다. 첫 장소는 매시턴. 그리 크지 않은 스테인레스 탱크는 깐띠용 양조장의 것보다는 훨씬 새것처럼 보이지만 파랗게 녹이 슨 구리 부품들 하며 이것 역시 그리 좋아 보이진 않는다. 다음은 발효탱크. 이것 역시 어쩐지 꾀죄죄해 보이고 여기저기 흠집도 나있는 것이 세월을 꽤나 먹었겠구나 싶다. 하지만 그런 게 뭐 대수랴. 이런 장비로도 그렇게 맛있는 맥주가 나오는데. 역시 장비보다 실력이 중요한 것이리라.

　투어는 가이드 할아버지가 네덜란드어인지 프랑스어인지 하여간 벨기에 말로 막 열심히 설명한 뒤에 짧게 영어로 설명해 주는 식으로 진행되었다. 그나마도 다행인 것이 나 말고도 영어를 쓰는 미국인 셋이 있어서 영어로 설명을 들을 수 있었지, 그렇지 않았으면 알아듣지도 못할 벨기에 말만 들어야 했을 거다. 자연히 영어를 쓰는 사람 넷이 뭉쳐서 다니게 되었다.

　발효조를 지나 병 세척기기를 간단히 보고 들른 곳이 병입 라인. 그나마(?) 이곳이 가장 최신 시설이었다. 스테인리스로 된 깨끗한 숙성 탱크들이 있고 여러 복잡한 라인들과 병입 기기가 놓여 있는 것이 이제야 현대식 양조장에 왔구나 하는 생각이 든다.

❖ 그나마 현대적이었던 병입라인

　양조장 투어는 이 정도로 마치고, 이제 투어의 꽃인 시음만이 남았다. 처음 영상을 봤던 곳으로 돌아와 자리를 잡고 앉는데 자연스레 뭉쳐 다녔던 영어 사용자 네 사람이 함께 앉게 되었다. 처음 나온 맥주는 무려 신트 베르나뒤스 도쿄 St. Bernardus Tokyo. 2012년 도쿄에 신트 베르나뒤스 펍을 오픈하는 기념으로

딱 한 배치만이 만들어진 기념 맥주인데, 누가 이걸 여기서 마시리라고 예상했을까. 향에서는 벨지안 효모 특유의 에스테르가 느껴지는 듯 하더니 맛에서는 아주 달콤하면서도 시트러시함과 스파이시함이 함께 느껴지는 게 재미있다. 다시는 못 마셔볼 것 같다는 생각을 하니 더욱 맛있다.

이어서 나온 맥주는 신트 베르나뒤스 앱트 12St. Bernardus Abt 12. 이 녀석이야 국내에서도 흔히 볼 수 있는 맥주인 만큼 특별한 건 없었다. 여전히 달콤하면서도 스파이시함, 알코올의 후끈함이 느껴지는 좋은 맥주이다. 과거 신트 베르나뒤스 양조장에서 만들어지던 베스트블레테렌 12의 레시피를 그대로 사용하는, 베스트블레테렌 12에 가장 근접하다는 맥주. 곧 베스트블레테렌을 마실 예정이지만 어떤 차이가 있을지 궁금하다.

사람들 사이에 술이 도니 자연스레 대화도 흐른다. 같이 다녔던 서양인 세 사람은 루이스Louis, 버트Bert, 카일Kyle로 서로 친구 사이. 모두 미국사람으로 벨기에는 여행 차 왔다고 한다. 항상 맥주 여행자들을 만나면 하게 되는 이야기는 홈브루잉이다. 그네들 역시 홈브루잉을 하며, 그중 한 친구는 직접 마당에서 홉도 기른단다. 당시까지만 해도 홈브루잉에 관심만 있었지 아직 본격적으로 하지 않던 나에게는 마냥 부러운 이야기이다. 홈브루잉 외에도 미국의 여러 유명 크래프트 맥주 이야기를 나눴는데 내겐 전부 부러운 이야기들뿐이다.

맥주가 떨어지고 슬슬 자리를 정리할 무렵. 도저히 빗속을 뚫고 걸어갈 자신이 없었던 나는 세 사람에게 넌지시 물어봤다. 너네 이 다음에 어디 가냐고. 베스트블레테렌 수도원 안 가냐고. 간단다. 그럼 나 좀 태워 달라고. 오케이란다.

그렇게 나는 벨기에 시골 동네 한복판에서 미국인들에게 구원받았다.

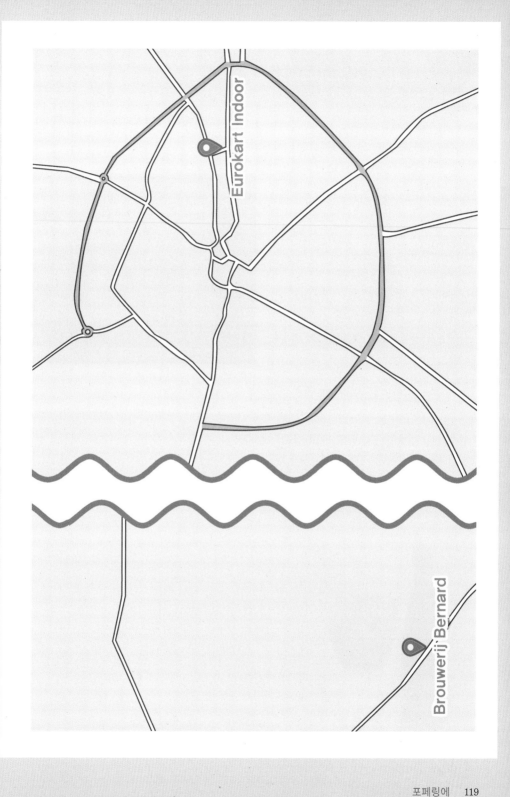

베스트블레테렌 양조장

Donkerstraat 12 8640 Westvleteren

세 사람의 차는 베르나뒤스 양조장 바로 옆 민박집에 있었다. 차에 다가간 세 사람은 주섬주섬 자신들의 짐을 정리 하기 시작한다. 다들 산더미만한 배낭 을 메고 와서 짐을 정리해 보지만 쉽사 리 자리가 나지 않는다. 겨우겨우 가방 을 끌어안고 자기네들끼리 비좁게 끼여 서라도 나를 위해 자리를 만들어 주는데 어찌나 고맙던지…

베스트블레테렌 맥주를 만드는 신트 식스투스아브데히Sint-Sixtusabdij 수도 원 역시 포페링에 마을 외곽에 위치해 있다. 베르나뒤스 양조장에서 수도원까지 의 거리는 10km가 넘는데, 걸어서 갔으면 두 시간 가까이 걸었을 거리다. 새삼 다시 한 번 세 사람에게 고마움을 느꼈다. 차에 내장된 네비게이션을 찍으니 차 한 대가 겨우 지나갈만한 좁은 시골길로 안내한다. 이래저래 나무와 소들을 지나 치니 드디어 신트 식스투스아브데히 수도원의 표지판이 보이기 시작한다.

2000년대 이전부터 있던 소위 '7대 트라피스 트 양조장'들 중에서 가장 적은 생산량을 자랑하 는 베스트블레테렌의 맥주는 세계적 맥주 평가 사이트인 레이트비어에서 전체 1위를 차지할 정 도로 굉장히 뛰어난 맛을 갖고 있지만, 한편으로 는 그 뛰어난 판매 전략(?)으로도 유명하다. 맥 주의 판매는 오직 수도원과 그 인근의 펍에서만 한다는 점이라든지, 구입을 위해서는 사전에 예 약하고 수도원을 직접 방문해야만 가능하다는 점, 병에는 맥주를 구분할 수 있는 라벨이 붙어

있지 않고 오직 병뚜껑의 색과 글자를 통해서만 맥주를 구별할 수 있다는 점이 그렇다. 사실 이렇게 까다로운 판매 조건은 트라피스트의 엄격한 기준을 만족시키기 위한 것이고, 또 맥주를 구하려 한다면 수도원을 방문하지 않더라도 어떻게든 구할 수는 있는 게 현실이지만, 여하건 모르긴 몰라도 베스트블레테렌이 1위를 차지하는 데에는 이런 신비주의적인 모습도 한 몫 하리라.

표지판이 보이자 곧 수도원에 도착했다. 그런데 첫 인상은 솔직히 실망스러웠다. 수도원 건물(이라고 해 봐야 외벽)이 지은 지 얼마 되지 않은 듯 너무나도 깨끗한 모습이었기 때문이다. 아무래도 몇 해 전 베스트블레테렌이 이례적으로 자신들의 까다로운 판매 조건을 깨트리고 맥주와 잔을 세트로 묶어 해외로 수출한 적이 있었는데, 당시 그 세트가 나온 이유가 수도원 증축을 위한 기

금 마련이라는 이야기가 있더니 사실이었나 보다. 사실 여부가 어떻든 굉장히 고풍스런 이미지를 상상했던 나에게 삐까번쩍한 수도원(의 외벽)은 실망스러웠다.

여느 트라피스트 수도원들이 그렇듯 신트 식스투스아브데히 역시 수도원 내부를 볼 수는 없다. 대신 나나 같이 온 세 친구처럼 단지 베스트블레테렌이라는 이름 하나만 듣고 찾아오는 이들을 위하여 방문자 센터를 따로 운영하고 있다. 녹색 옷을 입은 자원봉사자들에 의해 운영되는 이 방문자 센터는 한쪽 구석에 맥주와 잔, 몇 가지 기념품을 판매하는 작은 샵을 제외하고 나머지 공간은 모두 맥주와 간단

한 음식을 즐길 수 있는 펍으로 운영되고 있다. 맥주 구입을 위해서는 예약이 필수라고 하는데, 사실 그건 대량으로 구매할 사람들에게나 해당하는 이야기고, 우리같이 소량으로 구매하는 사람들은 그럴 필요가 없다. 대신 날마다 준비되는 맥주의 종류는 다르며, 6병 한 팩 단위로만 구매가 가능하다. 또한 그 날 준비된 수량이 다 떨어지면 구매할 수 없다.

방문자 센터로 들어간 우리는 적당히 자리를 잡고 앉았다. 여기서 나는 또 한 번 실망했는데, 수도원 건물처럼 새 건물에다가 내부도 너무 잘 꾸며져 있고, 무엇보다 사람들이 너무나도 많았다. 물론 베스트블레테렌 정도면 잘 알려진 곳이긴 하지만... 조용하고 고풍스런 이미지를 생각했던 나의 기대는 완전히 깨져버리고 말았다.

여하건 자리를 잡았으니 남은 건 맥주를 마시는 일. 병을 사 가는 건 그날 준비된 한 종류만 가능하지만, 마시는 건 베스트블레테렌에서 생산하는 3종 모두 마실 수 있다. 가장 먼저 주문한 것은 브륀 8Westvleteren Bruin 8. 그래도 방문자 센터니까 드래프트로 서빙 되는 줄 알았더니 그건 아니고 자원봉사자 서버가 병과 잔을 들고 와 직접 따라준다. 향을 맡으니 캐러멜, 달콤한 베리류가 느껴지는 가운데 맛에서도 역시 캐러멜, 살짝 새콤함과 달콤함, 복잡한 과일 풍미가 느껴진다. 과연, 그 명성에 걸맞은 맛이다 싶다.

일단 한 잔 들이킨 우리는 한 쪽 구석에 위치한 샵으로 향했다. 이 날 준비된 맥주는 블론드Blonde. 우리는 맥주와 잔을 각각 6개 한 팩씩 구입하여 사이좋게 나누었다. 정확히 기억나진 않지만 잔이 17유로, 맥주가 16유로 정도였다. 나는 맥주 세 병과 잔 한 개를 가졌다.

브뤼 8 다음으로 주문한 맥주는 1등 맥주, 끝판 대장, 브뤼 12Bruin 12. 사실 앞의 베르나뒤스 양조장에서도 꽤나 고도수의 맥주들을 마셨던 터라 이쯤 되니 다들 조금씩 맛(?)이 가기 시작한다. 운전을 맡은 루이스는 한참 전에 주문한 브 뤼 8을 일부러 천천히 마시고 있다. 하지만 그렇다고 굴할쏘냐. 나머지는 여기까 지 와서 그냥 돌아갈 수는 없다는 일념에 맥주를 계속 마신다. 슬슬 감각이 무뎌 져 맥주 맛을 잘 느낄 순 없지만 박하와 같은 상쾌한 향기와 진한 달콤함, 여러 가지 복잡한 맛들이 느껴진다. 우린 말없이 엄지손가락을 추켜세우며 느긋이 맥 주를 즐겼다.

천천히 맥주를 마시고 난 뒤 마지막으로 주문한 것은 블론드. 아침부터 계속 8도가 넘는 맥주들을 마시다가 처음으로 마시는 5도 대의 맥주이다. 여전히 감각 은 취기에 무뎌져 있었지만 계속 고도수를 마시다 저도수로 와서 그런지 아주 화 사하다는 인상이다. 단순히 상대적인 도수가 낮아서가 아니라 맥주의 향과 맛이 모두 화사하다. 마치 오렌지와 같은 시트러스의 화사한 향기와 박하같이 상쾌한 허브의 느낌이 알코올에 지친 감각들을 모두 깨워주는 느낌이다.

이렇게 맥주를 모두 한 종류씩 맛본 우리는 각자 마음에 들었던 녀석으로 한 잔씩 더 주문하여 마시며 천천히 이야기를 나누었다. 세 사람은 오늘이 여행의 마지막 날로, 곧 브뤼셀로 돌아가 귀국하는 비행기를 타야 한다. 맥주를 모두 마 신 우리는 untapped라는 맥주 소셜 서비스로 서로 안부 나눌 것을 기약하며 수도 원 담벼락 아래 주차장에서 작별을 고했다. 세 사람은 브뤼셀을 향해 떠나고, 나 는 다시 포페링에를 향해 어느새 잦아든 빗속 시골길을 걷기 시작했다.

그 외 가볼 만한 곳들 - 관광지

홉과 맥주 말고는 그다지 알려진 것도, 볼 만한 것도 없는 작은 시골 마을이기 때문에 관광지 정보는 과감히 생략한다. 1차 대전 참전 군인들의 묘지는 다들 별 관심 없으리라 믿는다.

 ## 그 외 가볼 만한 곳들 - 맥주 관련 장소들

이름 : 't Hommelhof

위치 : Watouplein 17 8978 Watou

월요일-목요일은 저녁 영업 하지 않음
http://www.hommelhof.be/

포페링에 가서 오전에는 신트 베르나 뒤스, 오후에는 베스트블레테렌을 간다고 치자. 그렇담 중간에 점심은 어떻게? 만 약 예산이 충분하다면 이곳, 티 오므로프't Hommelhof를 추천한다. 사실 이곳은 맥주 와 관련된 장소라고 하기가 어렵다. 본격적 인 레스토랑인 것이다. 그럼에도 이 장소가 맥주 마니아들에게 잘 알려져 있는 것은 이 곳 역시 요리에 맥주를 아주 적극적으로 사 용하기 때문이다. 여기에 이곳만의 특별한 맥주까지 곁들이니, 어찌 훌륭하지 않다 할 수 있겠는가. 찾아가기도 그리 어렵지 않 다. 일단 신트 베르나뒤스 양조장에 도착했 다면, 양조장 앞길을 따라 조금만 올라가면 바로 왼편에 위치하고 있다.

이름 : Hopmuseum Poperinge

위치 : Gasthuisstraat 71 8970 Poperinge

3월-11월만 / 월 휴관
화-일 오전 10시 ~ 오후 6시
http://www.hopmuseum.be/en

벨기에 홉 생산량의 2/3 이상을 차지하 고 있는 포페링에. 그야말로 홉으로 먹고 산다고 해도 과언이 아니다. 그런 만큼 홉 에 관한 박물관 하나쯤 있는 것도 별로 놀 라운 일은 아니리라. 포페링에 시내에 위 치하고 있는 이 홉 박물관은 주로 홉의 재 배와 경작에 관한 내용을 다루고 있다. 박 물관은 도저히 시골 마을에 있는 박물관이 라고 보기 어려울 정도로 시설을 잘 갖추 고 있으며(심지어 음성 안내기까지 비치하 고 있다). 최근에는 차를 타고 다닐 수 있 는 비어 투어 프로그램까지 마련해 두고 있다. 포페링에 역 앞 길을 따라 시내로 15 분가량만 걸으면 나온다. 아, 내가 갔을 땐 여기 안내 데스크에 있었던 여성분이 참 이뻤다.

벨기에의 맥주 축제

T I P 맥주 하면 빼놓을 수 없는 것이 바로 축제이다. 맥주의 기원이라 알려진 고대 수메르 문명에서도 이미 맥주를 마시며 즐기는 축제에 관한 기록이 여럿 등장하며, 세계 최대의 맥주 축제로 잘 알려진 독일의 옥토버페스트Oktoberfest는 지난 2010년 200번째 축제를 맞이했다. 도수도 낮고, 가격도 저렴한 맥주만큼 축제에 잘 어울리는 술도 없을 것이다.

이런 맥주 축제에 벨기에 역시 빠질 수가 없다. 비록 옥토버페스트처럼 긴 역사와 높은 인지도를 자랑하는 축제는 없지만, 맥주대국 벨기에답게 짧은 역사에도 점점 높아지는 인지도와 많은 방문자를 자랑하고 있다. 아래에 몇 군데 가볼 만한 벨기에 맥주 축제를 정리해 보았다.

Belgian Beer Weekend

매년 9월 첫째 주, 브뤼셀의 그랑 플라스 전체에서 열린다. 약 70여 곳에 달하는 벨기에 양조장들이 참가하며, 오프닝 행사에는 과거 맥주를 실어 나르던 마차 행진, 과거의 복식 재현과 같은 볼거리도 풍부하다. 입장료는 무료, 맥주는 코인을 구매해서 사 마실 수 있다.

http://www.belgianbrewers.be

BAB Bruges Beer Festival

아름다운 풍경을 자랑하는 브뤼헤에서 매년 2월 첫 토요일과 일요일, 브어살레 센터Beurshalle centre에서 열린다. 맥주에 대한 강의, 토론과 같은 프로그램도 있지만 이 축제의 백미는 브뤼헤의 셰프들이 선보이는 요리들. 요리에 직접 맥주를 사용하여 환상의 궁합을 자랑한다. 입장료는 무료, 맥주는 코인을 구매해서 사 마실 수 있다.

http://www.brugsbierfestival.be

Modeste Bierfestival Antwerpen

매년 10월 초 안트베르프를 대표하는 양조장, 드 코닝이 주관하는 맥주 축제. 이 축제의 좋은 점은 바로 벨기에의 비교적 덜 알려진 소규모 양조장들을 만날 좋은 기회라는 것. 약 30여 곳에 달하는 양조장들이 참가한다. 드 코닝 양조장에서 열리기 때문에 때에 따라서는 사람들이 너무 많이 몰릴 수도 있는 건 주의. 입장료는 무료, 맥주는 잔당 1유로에 마실 수 있다.

http://www.modestebierfestival.be/

토막 이야기 : '오리지널' 격 트라피스트 양조장들과 그 맥주

앞서서도 간단히 언급한 바 있듯 본디 맥주를 양조하는 트라피스트 수도원들은 전 세계에 단 7곳에 불과했다. 네덜란드가 한 곳, 벨기에가 여섯 곳. 그러던 것이 최근 크래프트 맥주 붐으로 트라피스트 맥주들도 덩달아 인기를 끌기 시작하자 다른 트라피스트 수도원들도 맥주를 만들고 ITA에 인증을 받으려고 노력하고 있다. 그렇게 해서 2015년 현재 추가된 곳이 네 곳. 하지만 새로이 추가된 이들은 아직 품질상의 문제라든지 생산량 부족 등으로 인하여 시장에 제대로 유통되고 있지 않은 게 현실이다. 따라서 여기서는 본디부터 트라피스트 양조장으로 맥주를 만들어 온 곳들과 그 맥주에 대해 간단히 짚어보려고 한다.

아헬Achel
Brouwerij der Sint-Benedictusabdij de Achelse Kluis

1648년 예배당으로 시작하여 1686년에 수도원이 되었다 프랑스 혁명으로 파괴, 이후 1844년에 다시 지어졌다. 양조장은 1차 세계대전 당시 독일군에 의해 해체되었다가 1998년에서야 현재의 양조장을 짓고 다시 맥주를 만들기 시작했다. 이들은 8 브륀Bruin과 8 블론드Blond를 만드는데, 브륀이 두블의 강화판이라면  블론드는 트리플에 가까운 스타일이라 할 수 있다. 5 브륀과 5 블론드, 9 엑스트라Extra는 오직 수도원에 위치한 카페에서만 마실 수 있다.

시메Chimay
Abbaye de Notre Dame de Scourmont

수도원은 1850년에 지어져 양조는 1863년부터 시작했다. 현재의 양조장이 지어진 것은 1948년으로 이후 몇 차례의 개수를 거쳐 오늘날에 이르고 있다. 이들은 여러 종류의 맥주를 만드는데 엥켈에 해당하는 4.8도의 도리Dorée, 고전적인 7도짜리 두블인 루즈Rouge(Première), 상쾌한 홉이 느껴지는 8도짜리 트리플인 블랑셰Blanche(Cinq Cents), 카테고리상 벨지  안 다크 스트롱Belgian Dark Strong에 속하는 9도의 블루Bleu(Grande Réserve)가 있다. 맥주 외에 4가지 종류의 치즈도 만들고 있다. 한국에서 가장 쉽게 찾아볼 수 있는 트라피스트. 대형 마트에서도 볼 수 있다.

오발Orval

1132년에 지어졌으나 프랑스 혁명으로 잠시 공백기를 갖다 1926년에서야 다시 수도원으로 활동하기 시작했다. 현재의 양조장은 1931년에 지어진 것. 오발의 유려한 전용잔은 이때 양조장을 설계한 이가 디자인 한 것이다. 보통 오발 수도원 하면 딱 한

종류의 맥주만 만든다고 알려져 있는데, 사실 이들은 두 종의 맥주를 만들고 있다. 하나는 우리에게 잘 알려진 황금빛의 오발. 본디는 5.2도짜리 맥주인데 병입 시 야생 효모인 브레타노미세스Brettanomyces를 함께 넣어 숙성에 따라서는 7도까지도 도수가 올라간다. 브렛 특유의 쿰쿰한 풍미는 덤. 또 다른 하나는 쁘띠 오발Petit Orval인데, 수도원 내부에서 소비할 목적으로 만들어지는 맥주로 우리가 접할 수 있는 방법은 오직 수도원 근처의 카페를 방문하는 길 뿐이다. 이곳 역시 맥주 외에 치즈도 함께 생산하고 있다.

라 트라페La Trappe
Onze Lieve Vrouw van Koningshoeven

트라피스트 양조장들 중 가장 큰 규모의 생산량을 자랑하는 양조장. 여기서 소개하는 유일한 네덜란드 양조장으로 여타 트라피스트 양조장들과는 달리 수도원이 바도 운영하고, 한때는 상업 양조장에 자신들의 상표권을 임대하기도 하는 등 문란한(?) 과거를 갖고 있다. 2015년 현재 6.5도의 블론드Blond, 7도의 두블Dubbel, 7.5도의 벨기안 에일 스타일인 이시도어Isid'or, 8도의 트리플Tripel, 10도의 쿼드루플Quadrupel, 이걸 여러 가지 오크통에서 숙성시키고 블랜드 한 쿼드루플 오크 에이지드Quadrupel Oak Aged, 5.5도의 윗비어인 위트 트라피스트Witte Trappist, 계절 한정으로 나오는 7도의 복비어Bockbier, 유기농 재료들로만 만든 4.7도의 벨기안 에일인 푸어Puur 등 많은 종류의 맥주가 있다. 이쯤 되면 눈치 채셨겠지만 과거 행보도 그렇고 현재 맥주 만드는 것도 그렇고 상업적인 이미지가 워낙 강해서 실제로 1999년부터 2005년까지 트라피스트 자격을 상실한 적도 있다. 아무튼 가장 덜 트라피스트스러운 트라피스트 양조장.

로슈폴Rochefort
Abbaye Saint-Remy in Rochefort

1230년 수도원을 열었고, 1794년 폐쇄되었다. 이후 1887년 아헬 수도원의 수사들이 다시 열었다. 곧 양조장이 지어졌지만 맥주가 외부로 판매되기 시작한 것은 1952년의 이야기. 로슈폴은 딱 세 가지, 6과 8, 10을 만드는데 7.5도인 6은 1년에 딱 한 번만 만들어진다. 생산량의 대부분을 차지하는 9.2도짜리 8은 1955년부터 섣달 그믐날을 기념하기 위해 한해에 딱 한 번씩만 만들어졌지만 워낙 인기가 좋자 1960년부터 정규 라인업으로 생산을 시작했다. 가장 강한 10은 11.3도에 달한다. 여느 트라피스트들이 그렇듯 로슈폴 역시 최소 5년은 거뜬히 보관할 수 있으며, 숙성될수록 더욱 뛰어난 맛을 보여준다.

베스트말레Westmalle
Abdij Onze-Lieve-Vrouw van het Heilig Hart van Jezus

1794년 설립되었으나 트라피스트 수도원으로 인정받은 것은 1836년의 일. 그 해부터 양조를 시작해 20년 뒤인 1856년부터 외부로 판매를 시작했다. 1934년 새 양조장이 지어져 오늘날에 이르고 있다. 이들 역시 세 가지 맥주를 만들고 있는데, 수사들이 소비할 목적으로 만들어져 찾아보기 매우 힘든 5도의 엑스트라Extra, 오래전부터 생산되어 온 두블Dubbel, 1934년 새 양조장과 함께 등장한, 트리플 스타일의 기원이자 1956년 이래로 단 한 번도 레시피 수정이 없었다는 트리플Tripel이 그 것이다. 한편 베스트말레는 맥주 외에 우유와 치즈도 만들고 있다.

베스트블레테렌Westvleteren
The Abbey of Saint Sixtus of Westvleteren

수도원 설립은 1831년, 양조장 설립은 1871년에 이루어졌다. 이후 단 한 번도 확장하지 않고 그 적은 생산량을 유지하고 있다. 단 앞서 간단히 언급한 바 있지만, 1946년부터 1992년까지 인근의 신트 베르나뒤스 양조장에서 베스트블레테렌의 맥주를 생산한 적은 있다. 이들은 맥주를 오직 개인에게만, 그것도 예약을 하고 양조장에 직접 찾아오는 이들에게만 한정된 수량으로 판매하고 있으며, 맥주병에는 맥주를 구분할 수 있는 여타 라벨이 없는 것이 특징이다. 구하려고 한다면 양조장까지 가지 않아도 어떻게든 구할 수 있고, 또 EU법상 2015년부터는 라벨을 붙여야 하지만... 1999년에 처음 등장한 5.8도의 블론드Blonde와 과거 엑스트라Extra라는 이름을 갖고 있었던 8도의 8, 세계 최고의 맥주로 인정받는 10.2도의 12 등 세 가지를 만들고 있다.

벨기에에
마시러 가자

브뤼헤 & 헨트

브뤼헤의 좃, 헨트의 그루트

먼저 이 제목에서 내가 비속어를 쓴 게 아닌가 오해하시는 분들이 있을까 해명부터 하고 시작하겠다. 욕으로 '좃'을 쓴 게 아니다. 정말로 좃Zot 맥주가 있다!

사실 이 파트를 쓰기에 앞서서 많은 고민을 했다. 그도 그럴게, 브뤼헤와 헨트에는 이 도시를 대표하는 스타일이다! 라고 할 만한 맥주가 없기 때문이다. 대부분 다른 곳, 아니 벨기에 전역에서 활발히 만들어지고 있는 벨지안 스트롱 계열의 맥주들을 만들기에 그렇다. 어디 브뤼셀처럼 그 동네 균으로만 만들 수 있는 람빅을 만드는 것도 아니고, 그렇다고 포페링에처럼 트라피스트 수도원이 있는 것도 아니고...

그래서 대신 여기에서는 두 도시를 대표하는 스타일이 아닌 맥주를 소개해 보기로 한다. 먼저 첫 번째가 브루셰 좃Brugse Zot 이다. 받침에 획 하나만 그으면 우리말로 그리 좋지 않은 의미가 되는, 사실 발음상으로는 구분도 힘든 이 맥주는 엄연히 '브뤼헤의 광대'라는 멀쩡한 이름을 가진 맥주이다.

이 맥주를 만드는 양조장은 브뤼헤 시내에 위치한 브라우레이 더 할브만 Brouwerij de Halve Maan이라는 양조장으로 유서 깊은 역사를 자랑하는 곳이다. 그 기원은 정확하지 않으나 문헌상에는 1564년에 처음으로 언급된다. 현재의 가족경영체제는 1856년 매스Maes 가문이 인수하면서부터인데, 이것만 따져도 충분히 어마어마한 역사이다.

브루셰 좃은 카테고리상으로는 벨지안 에일, 혹은 벨지안 페일 에일로 분류가 된다. 이런 벨지안 에일 계열이 그러하듯 브루셰 좃 역시 어느 특정 카테고리로 명확히 맞아 떨어지지는 않는다. 하긴 스타일 분류가 다 뭐란 말인가. 맛만 있으면 되는 것을. 마셔보면 이 맥주는 덜 벨기에스럽다는 게 특징이다. 벨기에 맥주 특유의 꽃, 과일과 같은 에스테르가 은은하게 느껴지

De Halve Maan
Sedert 1856

면서도 맛에서는 스파이시함이 없고 깔끔하게 떨어지는 것이 그렇다. 입맛이라는 것은 어디까지나 주관적이기 때문에 내가 좋아하는 벨기에 맥주가 누군가에게는 부담스러울 수 있는데, 그런 사람들에게 딱 어울릴법한 맥주이다.

헨트에서는 헨트 스타츠브라우에레이Gentse Stadsbrouwerij의 그루트Gruut라는 맥주들을 골라 봤다. 사실 이 맥주들이 맛있거나 유명한 것은 아니다. 찾아보기도 쉽지 않다. 내가 이 맥주들을 고른 것은 어디까지나 특이하다는 점에서이다. 맥덕후들이라면 아마 그루트라는 이름을 듣는 순간 어느 정도 감이 왔을지 모르겠는데, 이 맥주들은 다른 맥주들이 반드시 사용하는 홉을 쓰지 않고 그루이트 Gruit라는 것을 사용한다. 그렇담 이 그루이트란 게 무엇이냐? 그것은 다양한 종류의 허브들을 조합한 것으로, 홉처럼 맥주에 쓴맛을 포함한 다양한 맛을 부여하는 용도로 쓰인다.

사실 맥주의 역사 9천 년에서 홉이 차지하는 영역은 얼마 되지 않는다. 지역에 따라서 시기가 다르긴 하나 일반적으로 홉이 맥주에 사용된 것은 13세기로 본다. 그럼 그 전까진 무엇을 썼느냐? 그게 바로 그루이트이다. 수천 년 동안 쓰여 온 그루이트가 홉이 등장하면서 자취를 감추게 된 것. 그리고 그것을 복원한 것이 바로 그루트 맥주들이다.

사실 그루트 맥주는 필자로서도 접해본 바가 없기 때문에 그 맛에 대해 묘사하기가 어렵다. 이야기를 들어보면 전체적으로는 홉의 쓴맛과 특유의 향기 보다는 확실히 허브의 특징적인 향기가 많이 난다고 한다. 그러면서 전반적인 평은 그리 썩 좋지 않은 편. 그도 그럴 것이 그루트 맥주들의 스타일은 오늘날 벨기에 맥주들의 스타일이기 때문이다. 당시 그루이트를 넣던 맥주를 복원한 것이 아니라 단순히 오늘날의 스타일에 홉 대신 그루이트를 넣었기에 조금 이질감이 드는 것이 당연하다. 그래서 여기 적어두긴 했으나 사실 굳이 찾아서 마셔볼 필요는 없다는 게 솔직한 나의 생각이다. 그래도 여러분의 호기심이 강하다면, 그 옛날 맥주는 어땠는지 궁금한데 마침 눈앞에 이 맥주가 있다면 경험 삼아 한번쯤 마셔보는 것도 좋을 것이다.

카페 로즈 레드

Cordoeaniersstraat 16 8000 Brugge

아마 누구든지 나처럼 처음 유럽여행을 가는 사람이라면 유럽에 대한 막연한 이미지를 갖고 있을 것이다. 나의 경우에는 영화에서나 볼법한 전원적인 이미지였다. 한적하고 이국적인 풍경의 전원 마을. 하늘은 높고 맑지만 크게 드리워진 나무가 주는 시원한 그늘, 옆에는 강이 졸졸 흐르고... 하지만 막상 유럽에 도착해서는 그저 환상이었나 싶었던 이런 이미지들이 내 눈앞에 그대로 나타난 곳이 바로 이 도시, 브뤼헤Brugge이다.

사실 벨기에에 조금 관심을 가져보신 분들이라면 잘 아시겠지만 브뤼헤는 나름 유명한 도시이다. 바로 내가 반했던 그 풍경이 꽤나 유명해 유네스코 세계 유산으로 선정되기도 했단다. 물론 나는 그런 거 전혀 몰랐다. 그냥 맥주 마시러 왔을 뿐...

이번에도 역시 브뤼셀 남역에서 기차를 탄다. 그런데 타기로 마음먹었던 열차는 내가 지각, 다음 열차는 무슨 사정인지 운행 취소, 겨우 그 다음 열차를 타게 되었다. 하지만 그래도 별 문제가 없다. 브뤼셀에서 브뤼헤까지는 딱 한 시간이면 충분하기 때문. 워낙 국토가 작은 벨기에다 보니 고속열차도 아닌데 브뤼셀에서 한두 시간이면 웬만한 곳은 다 갈수가 있다.

우여곡절 끝에 브뤼헤 역에 도착했다. 역을 나와 조그만 하천을 지나 잔디 길을 걸어 관광 안내소와 분수를 지나면 바로 브뤼헤 시내이다. 내가 가장 먼저 향한 곳은 더 브룩스 비어체't Brugs Beertje. '브뤼헤의 곰'이라는 이름을 가진 이 펍은 브뤼헤를 대표하는 펍이라고 해도 과언이 아니다.

그런데 하필 가는 날이 장날이라고... 문을 안 열었다. 브뤼헤에서는 두 군데의 펍을 들러볼 계획이었는데 절반이 날아간 것이다. 별 수 있나. 일단은 그냥 관광이나 한다.

유네스코 세계 문화유산으로 지정될 만큼 브뤼헤는 볼 것도 많고 아름다운 도시이다. 배를 타고 돌아보는 운하 투어, 종탑, 시장 광장, 여러 곳의 성당 등등... 이런 명소들이 아니어도 중세풍의 모습이 그대로 보존된 시내 자체가 뛰어난 볼

거리이다. 그러나 무엇보다도 가장 좋았던 곳은 베긴회Béguinage 수도원이었다. 운하 위에 잘 꾸며진 정원, 조용하고 경건한 분위기, 울창한 나무속에 어우러지는 고딕 양식의 건물들… 바로 옆에 위치한 미네 수변공원Minnewaterpark 까지… 여행 내내 부모님 모시고 오고 싶다는 생각을 한 건 여기가 유일했다.

수도원 구경을 마치고 다시 시내로 들어와 걷다보니 까르푸 마트가 보인다. 뭐 하나 마시자 싶어 들어가서 맥주 코너를 봤더니 이곳이 천국이다. 국내에서는 만원 넘게 줘야 사 마실 베스트말레가 이곳에서는 고작 1.39유로이다. 아무리 여기서는 베스트말레가 국산 맥주라지만 이 어마어마한 가격 격차는 어딘가 씁쓸할 정도이다. 씁쓸한 마음을 뒤로하고 가볍게 마실 음료(?)를 골랐다. 내가 고른 것은 후하르던 로제Hoegaarden Rosée. 호가든에 라즈베리를 넣고 도수를 3도로 낮춘, 그야말로 음료수 같은 맥주이다. 사실 다른 사람들에게서 이 녀석이 지뢰라는 이야기는 들은 바가 있었으나 실제로는 어떤가 싶어 호기심에 골랐는데… 정말 지뢰였다. 라즈베리의 맛은 확실히 느껴졌으나 전체적인 맛은 영 불유쾌했다. 버리긴 아까워 다 마시느라 고생을 해야 했다. 누군가는 좋아하는 사람이 있겠지만 내 입맛에는 글쎄….

늘 그랬듯 이래저래 정처 없이 걸으며 도시 구경을 한다. 종탑에도 올라가봤다 시장 광장에서 한 소녀들이 연주하는 현악 2중주를 감상도 했다가 향한 곳이 카페 로즈 레드Cafe Rose Red. 시장 광장에서 골목으로 조금만 들어가면 나온다. 전체적인 외관은 주변의 건물들과 다를 게 없어 처음에는 모르고 그냥 지나치기 쉽다. 입구에 세워진 자그마한 입간판과 벽면의 명패를 보고 겨우 찾아 들어간다. 과연 붉은 장미 카페라는 이름답게 현관부터가 온통 빨간색이다. 실내는 더하다. 천장에는 온통 장미들이 매달려 있고, 빨간색 소파, 빨간색 커튼, 빨간색으로 칠해진 벽면 등 전체적으로 온통 빨간색 투성이다. 과연 그 이름답다.

이곳은 생긴 지는 몇 년 되지 않았지만, 감히 브뤼헤 최고의 펍이라 할 만 하다. 여느 좋은 벨기에 맥주 펍들이 그렇듯 뛰어난 맥주 셀렉션은 물론이고, 지하에 맥주 셀러cellar를 둬서 쾌적한 환경에 120가지 이상의 다양한 빈티지의 맥주들을 보관하고 있다. 기본기를 완벽히 갖춘 샘이다.

자리를 잡고 앉아 맥주를 주문해 본다. 처음으로 주문한 맥주는 듀 보크 세종 1858Du Bocq Saison 1858. 이 시기의 나는 한창 세종에 꽂혀있었기에 주문하는데 망설임이 없었다. 과연 그 맛은 평범히 맛있는 세종이었다. 세종 효모가 주는 플로럴floral하면서도 프루티fruity한 에스테르. 향에서 느꼈던 그대로의 맛이 참 화사하면서도 마시기 좋다는 인상이었다. 6.4도의 도수지만 화사한 면면만 봤을 땐 전혀 그런 느낌이 들지 않았다.

다음으로 주문한 것은 비에르 드 샹파뉴, 즉 샴페인 맥주 중에서도 최상급인 데우스DeuS. 국내에도 수입되지만 워낙 가격이 비싸 마실 엄두를 못 냈고, 벨기에에서는 비교적 저렴하게 판매되긴 하지만 그래도 비싸고 병도 커서 차마 마실 생각을 못했던 녀석을 이곳에서는 잔 단위로 판매하고 있는 것이 아닌가! 냉큼 주문해 보았다. 조그마한 플루트 잔에 담겨져 나오는데 그 색이 마치 진한 꿀물 같다. 향을 맡아보니 와...! 자두, 빨간 베리류를 연상케 하는 과일 향기가 아주 진하게 느껴진다. 맛은 어떤가 싶어 마셔보니... 그야말로 꿀이다. 꿀물을 마시는 듯한 진한 달콤함 외에도 풍부하게 느껴지는 여러 향기들. 11.5도답게 알코올의 후끈함도 느껴지지만 아주 약해서 전혀 거슬리지 않는다. 과연 샴페인 맥주답게 풍성한 탄산 질감. 유명 맥주평론가인 마이클 잭슨Michael Jackson은 이 맥주를 일컬어 웬만한 샴페인보다 낫다고 했다던데 과연 그 의미가 바로 와 닿는다. 너무너무 맛있다.

그렇게 잠시간 행복감에 젖어있다 또 한 잔 더 시켜본다. 이번에는 보틀로 가서 리프만스 하우든반드Liefmans Goudenband를 주문했다. 리프만스 맥주는 몇 가지가 국내에 들어오는데, 이 녀석은 들어오지 않는다. 장르는 플랑드르 브라운. 주문하니 750ml의 큰 병이 나온다. 향을 맡으니 사워 비어 아니랄까봐 먼저 시큼한 향기가 느껴진다. 맛은 이론으로 배워(?)왔듯

향과 달리 그리 시지는 않다. 대신 상당히 프루티하다. 앞서 데우스가 빨간 베리류였다면 이 녀석은 검은 베리류의 맛이다. 많이 시지 않고 달콤하면서도 진한 과일 맛이 아주 맛있다. 8도의 도수가 무색하게 꿀떡꿀떡 잘 넘어간다. 물론 8 도짜리 큰 병 하나를 비운 결과는 취함이다.

이 정도로 맥주를 마신 나는 더 브룩스 비어체의 아쉬움을 접고 곧바로 브뤼셀로 돌아왔다. 별 수 있나, 가는 날이 장날인데다 취기가 적당히 올라와서 더 마시기도 뭣한 것을. 그 아쉬움은 대신 브뤼셀에 도착하여 무더르 람빅을 가는 것으로 풀고 하루를 마쳤다.

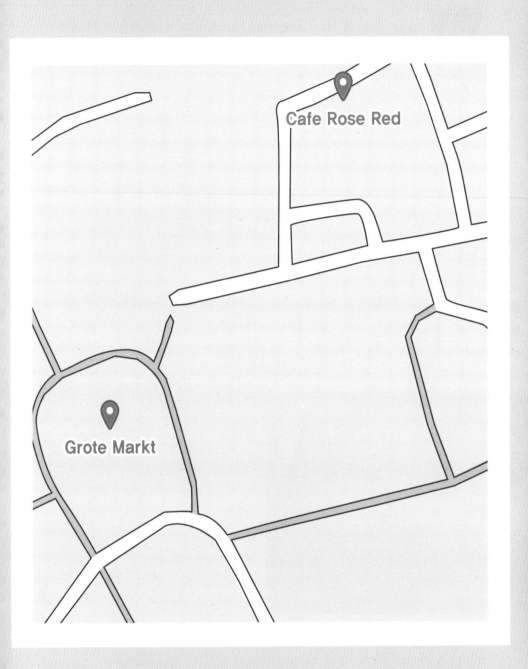

STORY 03 더 홈듀블

Belgium

Coupure Links 625 9000 Gent

독일 뒤셀도르프Düsseldorf로 넘어가기 전날, 벨기에 여행의 마지막 날은 헨트Gent였다. 사실 이곳에는 맥주로 큰 기대를 갖고 간 것은 아니었다. 뭐랄까, 벨기에의 주요 도시들을 다니다 보니 이곳도 한 번쯤 가보고 싶어졌달까.

이곳 역시 가는 것은 어렵지 않다. 아니, 오히려 브뤼헤보다 쉽다. 브뤼셀과 브뤼헤 딱 중간에 위치해 있기에 가는 시간도 딱 30분이면 충분했다. 하지만 대신 도시가 크고 역과 시내가 멀어 걸어 다니는 것만으로는 한계가 있다.

역에 도착한 나는 트램을 타고 곧장 성 니콜라스 성당Sint Niklaaskerk으로 향했다. 성당을 둘러보고 옆에 운하변도 구경하다 성 미카엘 성당Sint Michielskerk으로. 전체적으로 잘 꾸며져 있고 아름답긴 하나 별다른 감흥이 없다. 사실 앞서 갔던 브뤼헤와 인상이 매우 비슷했다. 게다가 어쩐지 기분도 별로 좋지 않고...

어쨌건 기왕에 온 거, 발걸음을 부지런히 놀린다. 다음으로 향한 곳은 흐라브스테인Gravensteen. 중세시대 외적의 침입을 막기 위해 지어진 성채란다. 이래저래 길을 걸어가는데 왠지 몸이 으슬으슬하다. 그와 동시에 몸을 엄습하는 급격한 피로감. 아, 이 느낌, 설마... 그렇다. 헨트까지 와서 감기몸살에 걸리고 말았다.

너무 힘들어 발걸음을 멈추고 벤치에 앉았다. 근처 슈퍼에서 산 초코바를 하나 까먹는데 몸이 아프니 자연스레 별 생각이 다 든다. 아 내일 이동일인데 하필 왜 이럴 때 몸살에 걸리나 부터 시작해서 이래선 오늘 맥주는 못 마시겠네, 별 감흥도 없는데 그냥 돌아갈까... 설상가상으로 오는 길에 떨어트린 태블릿은 어딘가 고장이라도 났는지 지도가 GPS를 전혀 잡지 못한다. 카메라는 렌즈 문제인지 무한대 초점을 못 잡는다. 그냥 얼른 돌아가서 잠이나 푹 자고 싶다...

그렇게 암울한 생각 속에서 앉아 있었더니 햇볕을 좀 쬔 게 효과가 있었을까, 아님 초코바가 그랬을까. 조금 힘이 나는 기분이다. 다행히 태블릿은 떨어트리면서 유격이 생겼던 것을 끼워 맞추니 다시 GPS를 잘 잡기 시작한다. 카메라는 뭐... 문제를 해결하진 못했지만 근거리 초점은 이상 없이 잡아준다. 무엇보다 여기까지 왔는데 그냥 갈 순 없지 않나. 힘을 내어 흐라브스테인과 시청Stadhuis, 성 바보 성당Sint Baafskathedraal 까지 구경을 마쳤다.

그렇다 하더라도 여전히 몸이 좋지 않았기에 맥주를 마시는 것은 포기, 대신 가보기로 했던 보틀샵인 더 홉듀블de Hopduvel을 가보기로 한다. 1982년에 오픈하여 30년이 넘는 역사를 자랑하는, 레이트비어가 선정한 벨기에 최고의 보틀샵. 바보 성당에서는 1km이 조금 넘는 거리로 운하를 두 번 건너면 곧바로 그 운하변에 위치하고 있다.

내가 방문했을 땐 입구의 문을 온통 공사하고 있었다. 그래도 이곳이 홉듀블임을 알리는 간판이 붙어있기에 찾는 것은 큰 문제가 없었다. 큰 문을 들어가면 안에 주차장이 있고, 그 뒤로 홉듀블 건물이 크게 위치하고 있다. 매장으로 들어가려는데 입구와 출구를 분리해 둔 것이 재미있다. 여긴 그렇게 사람들이 많이 몰리나?

입구로 들어가면 정면에는 계산 카운터가 부스 형태로 마련되어 있다. 그리고 그 뒤로 쭉 펼쳐져 있는 맥주들... 나는 입을 헤 벌리곤 다물지 못했다. 어마어마하게 크다! 세상에 벨기에 맥주가 아무리 많다지만 보틀샵이 이렇게나 큰가... 이건 보틀샵이 아니라 마트 수준이다. 취급하는 물건들도 다양하다. 벨기에 맥주들 여러 가지를 함께 포장해 둔 선물세트에서부터 다양한 벨기에 맥주잔들은 물론이요, 홈브루 용품들, 맥주와 홉을 사용한 쨈, 쿠키와 같은 다양한 식품들, 심지어는 맥주와 상관 없는 음료와 위스키 같은 리큐어 종류들까지 적게나마 갖춰져 있다. 세상에나...

맥주들은 사방으로 진열되어 있고 잔 세트나 많이 찾는 메이저 맥주들은 아예 궤짝 채로 중앙에 두 줄로 진열되어 있다. 이것만 해도 어마어마한 수다. 리큐어나 음료는 관심이 없고, 진열되어 있는 맥주들의 면면을 보니 당연하게도 대부분 벨기에 맥주들이고, 일부가 북유럽 크래프트 맥주들, 그리고 아주 일부가 미국의 크래프트 맥주들이다. 일반적으로 크래프트 맥주 하면 대부분 미국의 크래프트 맥주들을 취급하기 마련인데, 이곳은 벨기에의 자존심일까, 아니면 미국 크래프트 맥주들이 발 디딜 틈조차 없는 걸까? 다른 곳들과는 달리 미국 맥주가 초약세를 보이는 것이 재미있다. 하긴 브뤼셀의 델리서스 카프리서스에서는 다른 나라 맥주를 아예 보지도 못했으니...

둘러보다 보니 홈브루 장비와 재료들도 재미있을 정도로 충실하게 갖춰져 있는 게 보인다. 발효조나 사이펀이나 홉, 몰트와 같은 기본적인 재료들은 물론이고, 물에 염을 추가하는 각종 미네랄류, 산도를 측정하는 pH스트립까지, 웬만한 미국 홈브루샵 뺨칠 정도로 잘 갖춰져 있었다.

나는 여간해서는 여행 중간에 짐을 늘리는 일을 하고 싶진 않았지만, 이런 곳에 와서 그냥 간다는 것은 맥덕후로서 있을 수가 없는 일. 이름도 모를 수없이 많은 벨기에 맥주들 사이에서 이래저래 한번쯤 이름을 들어본 녀석들로 10병 가까이 골라 구입했다. 그 고르는 시간이 어찌나 행복한 고민의 시간이던지... 아직 내가 여행 중반이라는 사실이 그때만큼 안타까웠던 적이 없다. 여하건 아픈 몸에 그렇게 구입한 맥주들을 봉투에 담아 들고는 트램을 타고 역으로 가 다시 숙소로 돌아왔다. 내일은 뒤셀도르프로 이동하는 날이다. 구입한 맥주들과 짐을 캐리어에 잘 정리하여 넣은 뒤 눈을 뜨면 몸살이 나아있길 바라며 잠을 청했다.

이름 : 베긴회 수도원 & 미네 수변공원
위치 : Beginjof 8000 Brugge

중세 모습을 그대로 간직하고 있는 브뤼헤. 도시 전체가 유네스코 세계 문화유산에 오를 정도로 아름다운 곳이기 때문에 어딜 가든 아름다운 풍경들을 볼 수 있다. 하지만 그럼에도 브뤼헤에 오면 반드시 들를 곳이 있다. 바로 베긴회Béguinage 수도원과 미네 수변공원Minnewaterpark이다. 13세기에 세워진 베긴회 수도원은 현재도 수녀들이 기거하고 있지만, 정문이 항상 개방되어 있다. 나는 힐링이라는 말을 별로 좋아하진 않지만 그래도 이 아름답고 차분한 수도원 안을 거닐다 보면 그런 단어가 절로 떠오른다. 베긴회 수도원을 지나 다리 하나 건너면 미네 수변공원. 공원이라고 해서 별다른 게 있는 건 아니고, 운하 옆으로 울창하게 우거진 나무들과 잔디밭을 거닐다보면 절로 평온해진다. 정말로 내가 유럽하면 떠올렸던 이미지들. 꼭 가보자.

이름 : 브뤼헤 종탑
위치 : Markt 7 8000 Brugge

다른 사람들도 비슷하겠지만, 나의 경우에는 어딜 가든 꼭 그곳의 전망대나 높은 곳을 가곤 한다. 바로 그곳의 풍경을 높은 곳에서 바라보기 위한 것. 브뤼헤 역시 예외는 아니었는데. 그런 나의 욕구를 충족시켜 준 곳이 바로 브뤼헤 종탑Belfort van Brugge이다. 찾아가는 것은 어렵지 않다. 브뤼헤의 광장, 흐로테 말크트Grote Markt 바로 앞에 서있다. 티켓을 사고 차례(?)를 기다렸다 둥글게 계속 굽이지는 계단을 주욱 올라가면 어느새 브뤼헤의 멋진 풍경이 드러난다. 엘리베이터가 없으니 오르막에 자신 없는 사람, 체력이 방전된 사람은 주의할 것.

이름 : 't Brugs Beertje
위치 : Kemelstraat 5 8000 Brugge
수 휴무, 주중 오후 4시~새벽 1시
주말 오후 4시 ~ 새벽 2시
http://www.brugsbeertje.be/index2.htm

그렇다, 내가 가장 먼저 가려다가 못 갔던 그 펍, 더 브룩스 비어체이다. 브뤼헤의 곰이란 이름을 가진 이 펍은 1983년 오픈하여 30년이 넘는 역사와 300가지 이상의 맥주를 자랑한다. 브뤼헤에 온 사람이라면 누구나 들러봐야 할, 브뤼헤를 대표하는 펍. 크진 않지만 아늑한 공간과 분위기는 브뤼헤의 중세 정취를 갈무리하는 장소로 딱이다. 성 살바토르 성당Sint-Salvatorskathedraal 인근에 위치하고 있다.

이름 : Brouwerij De Halve Maan
위치 : Walplein 26 8000 Brugge
4월–10월 오전 10시~오후 5시
11월–3월 오전 10시~오후 3시
http://www.halvemaan.be/

한때 과연 국내에 들어올 수 있을 것인지 여부에 의견이 분분했던(?), 그래도 기어이 들어오고야 말았던 좃Zot 맥주를 만드는 바로 그 양조장이다. "반달"이라는 이름의 이 양조장은 좃 말고도 스트라페 헨드릭Straffe Hendrik이라는 맥주도 만들고 있으며, 두 종류 모두 현재 국내에 정식으로 수입되고 있다. 브뤼헤를 대표하는 양조장으로서 단순히 양조장 투어만 고려할 게 아니라 맥주를 판매하는 카페도 운영하고 있기에 한번쯤 들러봄직 하다. 베긴회 수도원 인근에 위치하고 있다.

이름 : 코렌레이 & 흐라슬레이

위치 : Graslei 9000 Gent

브뤼헤와 마찬가지로 헨트 역시 운하 도시이다. 브뤼헤를 먼저 봐서인지 개인적인 소감에서는 브뤼헤만큼 예쁜 동내는 아니지만, 이곳 만큼은 정말 예쁘다 싶었던 곳이 있는데 그곳이 바로 운하를 사이에 두고 양쪽으로 난 길. 코렌레이|Korenlei와 흐라슬레이|Graslei이다. 운하를 사이에 두고 양쪽으로 서 있는 길드 건물들 앞을 거닐고 있노라면 그 기분이 각별하다. 헨트를 간다면 반드시 한번쯤 거닐어 봐야 할 곳. 성 미카엘 성당과 성 니콜라스 성당 사이에 위치하고 있다.

이름 : 흐라브스테인 성

위치 : Sint-Veerleplein 11 9000 Gent

흔히 유럽의 성 하면 다들 디즈니 애니메이션 로고에서나 볼 법한, 독일 스타일(?)의 성을 떠올리곤 한다. 하지만 그것은 사람이 살기 위한 성이고, 성 본래의 목적. 즉 외적을 막기 위한 성이라면 또 다른 이미지를 떠올리게 된다. 그리고 그런 성이 바로 이 흐라브스테인Gravensteen 성. 본디 12세기 외적의 침입을 막기 위해 지어진 성이지만 얼마 지나지 않아 지하에 감옥을 두고 법정으로 쓰였다고 한다. 그 시대의 법정과 감옥하면 고문을 빼놓을 수 없는데, 덕분에(?) 오늘날 이곳은 고문과 관련된 여러 물품들을 전시하고 있기도 하다. 이런 쪽에 흥미가 있다면 재미있게 둘러볼 수 있는 곳. 코렌레이든 흐라슬레이든 길을 따라 쭉 올라가다 다리 하나 건너면 나온다.

이름 : Waterhuis aan de Bierkant
위치 : Groentenmarkt 9 Gent, Belgium 9000
오전 11시 ~ 오전 2시
http://www.waterhuisaandebierkant.be/

헨트 관광의 메인 포인트(?)는 단언컨대 앞서서도 언급한 코렌레이와 흐라슬레이 라고 할 수 있다. 중세풍의 레스토랑과 카페들이 쭉쭉 늘어선 모습을 보면 절로 저

기 앉아 맥주 한잔 마시면서 여유롭게 주변 구경이나 했으면 좋겠다는 생각이 든다. 그 때 이곳, 와터하우스 안더 비어컨트를 방문해 보자. 흐라슬레이를 따라 쭉 올라가서 삼각주를 지나면 나오는 이 펍은 장소가 장소인 만큼 맥주 종류가 다양하거나, 혹은 가격이 아주 저렴한 곳은 아니지만 그래도 그 주변에서는 가장 뛰어난 맥주 셀렉션을 자랑한다. 볕 좋은날 이곳에서 맥주 한잔 마시며 쉬어가자.

맥주와 온도

흔히 맥주는 차갑게 마시는 술이라는 인식이 널리 퍼져 있다. 냉장고에서 시원하게 보관된 맥주를 하얗게 '히야시'된 잔에다 따라 마시면 캬~ 아무래도 우리나라는 맥주 소비가 여름에 주로 집중되다 보니 이런 이미지가 더욱 강한 편이다. 최근에는 맥주 거품을 얼려서 주는 곳까지 생겼다. 그런데, 맥주를 이렇게 마시는 게 과연 맞는 방법일까?

0~4℃ : 페일 라거와 같은 무미한 맥주

5~7℃ : 바이젠, 필스너, 프룻 비어, 벨지안 윗

8~12℃ : APA, 포터, 스타우트, 람빅, 구즈, 벨지안 에일

12~16℃ : IPA, 브라운 에일, 세종, 플랑드르 레드/브라운, 벨지안 스트롱, 트라피스트, 바이젠복

정답은 반은 맞고 반은 틀렸다는 것이다. 이렇게 낮은 온도, 4℃ 이하로 마시는 것도 맥주를 마시는 하나의 방법이다. 이런 온도에서 마시는 것은 맛이 없는, 즉 무미한 스타일에 어울리는 방법이다. 우리나라에서 흔히 볼 수 있는 맥주인 페일 라거Pale Lager 계열은 이렇다 할, 특별히 느낄만한 맛이 없기 때문에 낮은 온도에서 마시는 게 오히려 나은 방법이기도 하다. 완전히 시원함과 청량감으로 승부하는 것이다.

그러나 다른 스타일들, 특히 맛이 풍부한 벨기에 맥주들이라면 이야기가 달라진다. 이런 맥주들을 4℃ 이하에서 마시는 것은 범죄에 가깝다. 온도가 낮을수록 우리 혀의 감각이 둔해지기 때문에 맥주에 들어있는 풍부한 맛들을 제대로 느끼지 못하고 지나치게 되기 때문이다. 가령 예를 들어 벨지안 윗이나 프룻 람빅과 같은 스타일은 5℃에서 7℃ 가량이 어울린다. 이 온도에서는 맥주에 들어있는 섬세한 맛들이 살아나는 동시에 풍성히 녹아있는 탄산을 그대로 느낄 수 있기 때문이다. 벨지안 에일이나 구즈는 어떤가. 앞보다는 조금 높은, 8℃에서 12℃가 어울린다. 앞의 스타일보다는 맛이 조금 더 섬세한 스타일이기 때문이다. 그렇다면 이야기는 뻔하다. 조금 더 맛이 섬세하고 풍성한 두블, 트리플과 같은 트라피스트는 이보다 높은 12℃에서 16℃가 어울린다. 아예 이런 스타일은 냉장고에 넣지 않고 그냥 실온에서 보관하다 바로 즐기는 사람들도 있다.

이렇게 써놓고 보면 무슨 맥주 하나 마시는데 온도까지 재가면서 마셔야 하나 하고 생각할 수도 있는데, 사실 일반적으로 마실 때에는 이렇게 온도를 일일이 잴 필요는 없다. 다만 마시기 10분 전, 냉장고에서 미리 꺼내뒀다 마시는 것만으로도 충분하다. 그러니 혹여 벨기에나 기타 다른 곳에서 맥주를 마실 때 너무 미지근하다고 놀라지 말자. 원래 그렇게 마시는 맥주이니까.

토막 이야기 : 맥주의 숙성

흔히 와인과 위스키는 시간
이 빚어내는 술이라고 알려져
있다. 물론 종류에 따라서 그렇
지 않은 것도 있지만, 대게 이
두 주종은 오랜 시간 동안 숙성
을 거치면서 보다 뛰어난 풍미
를 지닌 술이 되기 때문. 반면
맥주의 경우에는 최대한 빨리
마시는 게 좋은, 그러니까 신선
도가 중요한 술이라고 알려져
있다. 국내 H모 맥주 회사의 경

우에는 아예 신선을 모델로 내세운 신선 드립(?)을 친 바 있지 않은가.

실제로 대게 와인이나 위스키가 두 자릿수를 넘어가는 도수를 자랑하는 덕에 잘 부
패하지 않아 숙성에 유리한 반면 맥주는 대부분 4에서 5도 정도의, 한 자릿수의 도
수를 지니기 때문에 훨씬 더 부패하기 쉬운 게 사실이다. 하지만 이 말인즉슨 반대로
생각하자면 일부 맥주는 숙성이 가능하다는 뜻. 그렇다, 그 중에서도 특히 상당수의
벨기에 맥주들이 우리들의 일반적인 상식과는 다르게 숙성을 권장하고 있다.

가령 예를 들어 수도원에서 직접 만드는 트라피스트Trappist
중 하나인 시메Chimay의 경우 자신들의 맥주 중 하나인 블루
Bleue를 그랑 리저브Grande Réserve라는 또 다른 이름으로
부르면서 병에다 연도수를 표기, 아예 몇 년씩 묵힌 제품들을
따로 내놓고 있으며, 우리에게도 잘 알려진 듀블Duvel의 경우
1년 6개월 정도 묵혔을 때가 가장 맛있다고 알려져 있기도 하
다. 이 외에 벨기에 맥주가 아니더라도 영국 풀러스Fuller's의
빈티지 에일Vintage Ale과 같이 여러 나라의 여러 양조장에서
장기 숙성을 의도하는 맥주들이 나오고 있다.

그렇다면 어떤 맥주들을 숙성시켜야 할까. 먼저 앞서 설명했던 도수가 강한 맥주이
다. 도수가 강한 맥주들은 그 알코올 덕분에 장기보관이 용이하다. 뿐만 아니라 이렇
게 도수가 강한 맥주들은 대게 맛이 강하기 마련인데, 이 강한 맛들이 오랜 시간 동
안 숙성을 거치며 누그러지고 다른 맛과 균형을 이루며 복잡한 풍미를 띄는 것을 감
상하는 것도 큰 즐거움이다.

또 하나는 앞서 람빅을 설명하면서 언급한 바 있는 브레타노미세스Brettanomyces
가 들어간 맥주이다. 여기에는 람빅, 플란더스 레드와 같은 벨기에 '야생 맥주'들 말
고도 트라피스트 중 하나인 오발Orval, 브레타노미세스를 사용하는 일부 크래프트
맥주들도 해당한다. 이들 맥주들은 대게 병입 과정에서 살균을 거치지 않는데, 이렇
게 살아남은 브레타노미세스는 병 속이라는 척박한 환경에서도 천천히 활동을 하며

알코올도 만들고 특유의 풍미들을 발달시켜 나가기 때
문이다. 이에 관해서는 특히 오발이 유명한데, 5.2도에서
브렛과 함께 병입되어 7.2%까지 도수가 올라간다고 한
다. 5.2도와 7.2도의 풍미가 다른 것은 당연한 이야기.

　그렇다면 반대로 숙성을 시키지 말아야할 맥주는 어떤
것이 있을까. 먼저 도수가 낮은 맥주이다. 역시 앞서 설명
한대로 도수가 낮아 장기보관에 불리하며, 특히 이런 맥
주들은 맛이 가벼운 게 대부분이기 때문에 숙성을 통해
긍정적인 효과를 얻기 보다는 부정적인 효과를 얻을 가
능성이 크다.

　또한 아메리칸 페일 에일American Pale Ale, IPA와 같이 홉이 많이 들어간 맥주들
도 숙성을 피해야 한다. 특히 이렇게 홉의 향기가 가득한 맥주들은 생산일로부터 최
대한 빨리 마시는 게 좋은데 왜냐하면 이런 홉의 향기를 구성하는 물질들은 모두 휘
발성이기 때문이다. 이는 아무리 보관을 잘 한다 하더라도 어쩔 수 없는 것으로 미국
의 일부 브루어리들은 아주 극단적으로 자신들의 맥주에 유통기한을 단 3개월로 못
박아놓기도 한다.

　한편 숙성을 할 때에는 와인을 보관하는 것과 비슷하게 직사광선을 피하고 서늘한
곳에 보관해 주는 것이 좋다. 또한 코르크 마개가 아닌 일반 병뚜껑의 경우 맥주와
닿으면 쇠맛이 날 수 있기 때문에 반드시 병을 세워서 보관해야 한다. 또한 역시 와
인이 그렇듯 무작정 오래 보관하는 것만이 능사는 아니라는 말씀. 계속해서 풍미가
바뀌어서 그렇지 분명히 맛의 정점은 어느 순간에 찾아오기 마련이다.

　이 글을 쓰는 지금 나에게도 2012년에 생산된 시메이 블루와 오발, 그리고 몇 가지
다른 도수가 강한 맥주들이 잠자고 있다. 언제쯤 이 맥주들을 열면 좋을까. 그건 나
로서도 잘 모른다. 어쩌면 몇 개는 맛에 있어서 정점을 지났는지도 모른다. 하지만
한 사람의 맥덕후로서 이 맥주들의 맛이 변해가는 것을 기대하는 것은 즐거운 일. 언
젠가 좋은 날 한 병 따서 그걸 확인할 상상만으로도 설레어 온다.

벨기에를 지나

유럽의 다른 맥주 대국들

Belgium

지금까지는 아무래도 이 책의 주제가 주제인 만큼 벨기에 맥주에 대해서 신나게 이야기 해 보았다. 하지만 어디 맥주를 마시는 나라가 벨기에뿐이던가. 벨기에 말고도 비어벨트에 속하는 국가들이 여럿 있고, 이들 역시 고유의 뛰어난 맥주 스타일과 문화를 갖고 있다. 당장 나 역시 맥주 여행으로 벨기에 뿐 아니라 다른 나라들을 같이 돌지 않았던가.

여기에서는 한번쯤 가봄직한 유럽의 다른 맥주 대국들을 간단히 소개해보고자 한다.

ISSUE 01. 영국

영국의 맥주 문화 하면 가장 먼저 떠오르는 것은 펍pub이다. Public House의 준말인 펍은 오래전부터 영국인들의 공동체 생활에서 구심점 역할을 해 왔다. 오죽하면 영국의 작가인 새뮤얼 피프스Samuel Pepys는 펍을 '영국의 심장'이라고 표현했을까. 하루의 일과를 마친 사람들은 펍으로 모여들었고, 그들은 맥주 한 잔과 음식을 곁들이며 각자의 개인사부터 세상 돌아가는 이야기까지 다양한 이야기를 나누었다. 그리고 이러한 모습은 공동체의 개념이 희박해진 오늘날에도 변함이 없다. 대부분의 사람들이 퇴근하는 6시 즈음이 되면 펍으로 모여들어 각자 한 파인트씩 들고 있는 모습을 쉽게 볼 수 있다.

이런 문화를 반영한 것일까. 오늘날 영국의 맥주들은 대부분 3-4도 정도의 낮은 도수를 자랑하는 이른바 세션 비어Session Beer가 대부분이다. 사람들과 대화하면서 취하지 않고 즐겁게 마실 수 있는 그런 도수. 사실 이는 문화적 요인보다는 자본적(?) 요인에 의한 것인데, 영국에서는 맥주의 도수에 따라 부과되는 주세가 다르기 때문이다. 이러한 주세는 1700년대에 도입된 것으로, 이전까지만 해

도 영국에는 10도를 넘어가는 맥주도 심심찮게 볼 수 있었지만, 이렇게 법이 바뀌고 난 뒤로 오늘날에는 6도를 넘어가는 맥주를 보기가 쉽지 않다. 높은 도수를 자랑하는 IPA를 탄생시킨 나라지만, 정작 오늘날 제대로 된 IPA를 만날 수 있는 나라는 영국이 아닌 미국이란 게 아이러니랄까.

한편 영국 맥주 문화를 대표하는 또 다른 단어로는 개스크 에일Cask Ale과 캠라CAMpaign for Real Ale가 있다. 이들에 대해서는 앞서 간단히 언급한 바 있다. 양조장에서 발효가 끝나면 오크통에 담겨 각 펍으로 배달이 된 다음, 펍의 매니저가 맥주의 숙성 상태를 보고 판매 시점을 결정해 탄산가스의 압이 아닌, 사람의 힘을 이용하는

핸드펌프를 이용해 뽑아내는 진짜 생맥주 캐스크 에일. 이 방법은 오늘날의 유통 방식인 케그에 비해서 여러 측면에서 불편한 점들이 있기에 점차 사라져가는 방식이었으나, 1971년 맥주 소비자들이 주축이 되어 '진짜 에일'을 지키는 운동인 캠라가 등장하며 다시 부활하기 시작했다. 이들 단체의 활동은 여기에서 끝나지 않고 캐스크 에일을 판매하는 펍들의 교육과 관리, 캐스크 에일 축제인 대영맥주축제Great Britain Beer Festival를 조직하기에 이르렀다. 그야말로 맥덕의 끝이라고나 할까.

여기까지 보면 영국의 맥주 문화는 상당히 보수적인, 옛것을 보존하는 느낌이 강하게 들지만 꼭 그렇지도 않다. 이들은 유럽에서 크래프트 맥주 열풍을 가장 먼저 받아들인 곳이기도 하다. 그 대표적인 예가 세계적으로 이름난 브루독Brewdog 양조장으로 비록 이들은 스코틀랜드에 위치한 양조장이긴 하나, 이들을 위시하여 이제 커널 양조장The Kernel, 파티잔 양조장Partizan Brewery와 같은 수많은 크래프트 맥주 양조장들이 생겨나고 있다.

추천 장소

Fuller's Brewery

영국에는 수많은 좋은 양조장들이 존재하지만, 딱 한군데 영국을 대표하는 양조장을 꼽으라면 나는 주저 없이 이 풀러스 양조장을 선택하고 싶다. 아마 많은 분들이 한번쯤은 접해 보셨을 런던 프라이드London Pride, 개인적으로 최고의 포터로 꼽는 런던 포터London Porter, 매해 맥덕들을 설레게 하는 빈티지 에일Vintage Ale 등등... 어느 것 하나 실망스러운 게 없고, 영국 맥주의 진수를 보여주어 더욱 사랑스러운 양조장이다.

이런 풀러스의 맥주들은 굳이 양조장까지 가지 않아도 영국 어디를 가든 쉽게 접할 수 있고, 또 영국까지 가지 않아도 국내에서도 쉽게 접할 수 있는 것이 사실이다. 하지만 만약 맥주를 마시러 런던까지 간다면 이곳을 가지 않고선 영국에 맥주 마시러 다녀왔다 할 수 없다.

풀러스 양조장은 런던 시내에서는 다소 외곽인 치즈윅Chiswick 지역에 위치하고 있다. 브루어리 투어는 평일 주중에 매일 5번씩 있으며 홈페이지를 통해 예약이 가능하다. 7파운드를 내면 양조장 투어만, 10파운드를 내면 양조장 투어와 테이스팅이 가능한데 당연히 후자를 선택할 것을 권한다. 나이 지긋하신 할머니를 따라 160년의 역사를 가진 풀러스의 유산들, 맥주에 사용되는 재료, 오늘날 양조장에서 사용되는 최신 장비들을 둘러본 다음 셀라로 가서 풀러스의 맥주들을 마시는 경험은 아주 각별하다. 물론 영국 양조장답게 셀라의 맥주들은 일부를 제외하고는 모두 핸드펌프를 통해 캐스크 에일로 서빙되고 있다.

투어는 전체적으로 약 한시간 정도 소요되며, 바로 옆에 브루어리 샵과 풀러스가 직접 운영하는 펍이 있어 모자란(?) 맥주를 더 채우고 갈 수 있다. 여러 브루어리들의 투어를 다녀 보았지만 개인적으로 풀러스에 갖고 있는 애착 덕분에 그런 걸까, 상당히 즐겁고 만족스러웠던 투어 중 하나였다.

Brewdog Shoreditch

앞서 영국의 맥주들에 대해 이야기는 대부분 전통에 관한 것이었다. 영국 맥주의 오래된 유산들, 이를 지키기 위한 소비자들의 노력... 하지만 그러면서도 변화의 바람 앞에서 그 어느 유럽국가들 보다도 예민하게 움직이고 있다고 이야기 했는데, 그러면서 예로 들었던 곳이 바로 이 브루독이다.

많은 맥덕들이 미켈러Mikkeller와 함께 세계 2대 돌H 양조장으로 손꼽는데 주저 않는 브루독의 역사는 그리 길지 않다. 2007년 밍밍한 영국 맥주에 질린 제임스 와트James Watt와 마틴 디키Martin Dickie가 개 한 마리와 함께 시작한 이 양조장은 곧 영국을 비롯해 전 세계적으로 컬트적인 인기를 얻으며 어느덧 200여 명의 직원과 열세 곳의 직영 바, 만사천여 명에 달하는 주주들을 가진 크래프트 맥주 양조장으로 거듭났다. 어떻게 이런 일들이 가능했을까? 그것은 이들이 펑크 IPA와 같은 정규 라인업을 통해 그들의 탄탄한 기본기를 보여주는 한편, 시도 때도 없이 나오는(?) 한정 생산 제품들을 통해 그들의 똘끼를 유감없이 발휘하기 때문이다. 온갖 부재료들을 때려 넣은 벨지안 쿼드루펠, 위스키가 담겨있던 오크통에 맥주를 숙성시키고 이걸 또 다른 통에서 숙성시킨 맥주와 블랜드한 발리와인, 한 독일 양조장과의 도수 경쟁 끝에 나오는 55도에 달하는 아이스복 등등... 이러니 브루독이 유럽에서는 물론이고 크래프트 맥주 바람을 주도하고 있는 미국에까지 영향을 미치고 있는 것이다.

타워브리지 인근의 쇼디치 지역에 위치하고 있는 브루독 쇼디치는 열세 곳의 브루독 바 중 하나로, 개인적인 감상이건데 런던에 위치한 브루독 바들 중 가장 브루독스러운 분위기가 잘 살아있는 곳이다. 'Beer for Punks'라는, 펑키하고 자유로운 분위기가 가장 잘 살아있는 곳. 바는 1층과 지하층으로 이루어져 있으며, 어둑하면서도 시끌벅적한 실내는 여타 영국 펍들에서 느낄 수 없었던, 오히려 한국 사람인 우리에게는 더욱 친숙한 분위기이다.

이곳에서 즐길 수 있는 맥주는 당연히 브루독의 맥주. 한정 생산 제품들이 많은 만큼 맥주의 종류는 항상 바뀌는 편이고 맥주의 가격은 솔직히 조금 비싼 편이다. 다른 일반적인 영국 맥주들과는 달리 재료도 많이 사용되고 무엇보다 도수들이 다들 높아서 세금이 차지하는 몫이 상당하기 때문. 하지만 이러한 가격 차이만큼 맛의 차이도 확실하다.

앞에서는 영국의 전통적인 맥주들, 캐스크 에일, 이런 것들에 대한 예찬론을 늘어놨지만 솔직히 요즈음의 크래프트 맥주에 입맛이 익숙한 사람들이라면 오히려 이런 전통적인 영국 맥주들이 심심하게 느껴질 수 있다. 그런 사람들에게 이 브루독 바는 아주 훌륭한 대안이 되어줄 것이다. 꼭 그렇지 않더라도 브루독이 크래프트 맥주에 있어 요즘 대세인 만큼 한번쯤 들러봄직 하다.

ISSUE 02. 독일

독일 맥주 하면 가장 먼저 떠오르는 것은? 바로 맥주 순수령이다. 오늘날 독일을 맥주의 나라로 올려놓은 바로 그 원동력. 하지만 앞서서도 설명하였듯 맥주 양조에 쓰이는 재료를 한정하는 이 맥주 순수령은 반대로 독일 맥주의 다양성을 크게 해치는 결과를 가져왔다. 암만 사람들이 맥주를 많이 마시면 뭐하나. 다 비슷비슷한 맥주인 것을..

하지만 그렇다고 해서 독일 맥주가 마냥 재미없는 라거 맥주들로만 이뤄진 것은 아니다. 종류가 아주 많진 않지만 분명히 지역별로 특색 있는 맥주들을 갖고 있다.

가장 먼저 벨기에와 국경을 맞닿고 있는 뒤셀도르프는 독일어로 old라는 뜻을 가진 알트Alt를 갖고 있다. 어두운 갈색에 곡물의 고소함과 달콤함이 두드러지는 이 맥주는 비교적 최신의 스타일인 라거의 양조 방식을 많이 가져왔으나 그 효모만큼은 기존에 쓰던 에일 효모를 가져와서 이런 이름이 붙었다. 이 맥주에는 고유의 문화가 있는데, 자리에 앉으면 유니폼을 입은 아저씨가 특유의 둥근 쟁반에 200ml 쯤 되는 작고 길다란 잔에 맥주를 채워 다니며 나눠준다. 양이 많지 않기 때문에 금방 마시고 앉아 있으면 또 어느새 다가와선 새 맥주잔으로 바꿔준다. 따라서 그만 마시고 싶은데도 계속 마셔야 하는 봉변(?)을 안 당하려면 코스터를 잔 위에 올려 둬야 한다.

우리에게 쾰른 대성당으로 잘 알려진 쾰른은 그 이름도 비슷한 쾰쉬Kölsch를 갖고 있다. 생김새와 맛 모두 평범한 라거 맥주와 비슷한 이 스타일은 맥주 그 자체만 제외하고는 알트를 여러모로 닮아 있다. 뒤셀도르프와 쾰른의 거리가 별로 멀지 않아서인지... 라거 맥주의 제조방식이면서 에일 효모를 쓴다는 점이나 맥주를 서빙하는 방식이 그렇다. 두 지방이 서로 약간의 라이벌 의식을 갖고 있다고 하는데 아무래도 그런 게 반영된 것이 아닐지.

남부로 쭉 내려오면 이제 뮌헨이다. 뮌헨의 맥주는 우리에게도 유명하다. 바로 파울라너, 바이엔슈테판으로 잘 알려진 바이젠Weizen. 앞서서도 언급한 바 있는 이 맥주는 재료에 보리와 홉 말고도 밀과 바이젠만의 특별한 효모를 사용하여 특유의 흐릿한 색깔과 풍성한 거품, 바나나, 풍선껌, 정향의 풍미를 만들어낸다. 이 맥주야 워낙 유명하고 잘 나가다 보니 뮌헨만의 맥주라고 하기 보다는 바이에른 주 전체의 맥주라고 하는

것이 맞으리라. 이 바이에른 주는 바이젠과 더불어 특별한 맥주 문화를 가지고 있는데 바로 비어가르텐biergarten이다. 야외의 잘 꾸며진 정원에서 테이블을 놓고 따뜻한 햇살을 맞아가며 맥주를 마시는 것. 특히 바이에른 주 고유의 소시지인 바이스부어스트weisswurst 한 그릇 앞에 갖다 놓고 까먹으면서 맥주를 들이키면 더욱 각별하다. 이 동네는 사이즈도 커서 맥주잔의 사이즈도 기본이 500ml부터 시작한다. 주량이 약하신 분은 조심하실 것.

뮌헨에서 조금 올라가면 밤베르크라는 작은 마을이 나온다. 구시가지 전체가 유네스코 세계 문화유산으로 지정될 정도로 아름다운 풍경을 자랑하는 이 마을은 훈제 몰트를 사용한 라우흐비어rauchbier의 고향. 마셔보면 정말 훈제 맛이 진하게 올라오는 게 고기 생각이 절로 든다. 이 맥주의 탄생 비화도 재미있는데, 믿거나 말거나지만 화재로 연기를 잔뜩 먹은 몰트를 버리기가 아까워서 맥주 양조에

사용했다가 이런 스타일을 만들어냈다고 한다. '흑맥주' 중 하나인 스타우트도 이렇게 화재로 불탄 몰트를 양조에 사용했다가 탄생했다고 하는데, 하여간 실패는 발명의 어머니가 맞는 모양이다. 어디까지나 믿거나 말거나지만.

밤베르크에서 올라가면 이번에는 라이프치히라는 마을이 나온다. 이곳의 대표 스타일은 고제Gose. 사실 이 스타일의 기원은 라이프치히가 아니라 인근의 고슬라라는 작은 마을인데, 라이프치히에서 인기를 끌며 많이 생산되는 바람에 라이

프치히를 대표하는 맥주가 돼버렸다. 이 맥주의 특징은 시고 짜다는 것(!). 실재로 양조 과정에 소금을 첨가하여 이런 짠맛을 만들어낸다. 말로만 들어선 이게 무슨 괴랄한 스타일인가 싶지만, 직접 한번 마셔보면 그 시큼짭짤하면서도 향기로운 맛이 자꾸만 생각나는 맥주이다. 글 쓰는 와중에도 마시고 싶다... 소금과 코리앤 더가 들어가기 때문에 맥주 순수령에 위배되는 스타일이지만, 다행히도 순수령에 서 면제되어 그 명맥을 지금까지 이어올 수 있었던 스타일이다.

마지막으로 베를린으로 가면 앞서서도 언급한 바 있는 베를리너 바이세 Berliner Weisse가 등장한다. 고제나 람빅마냥 신맛이 나는 맥주이다. 이 신맛 덕 분에 현지에서는 시럽을 넣어 마시는 게 일상화되어 있으며, 도수도 3도 정도로 가볍기 때문에 음료수처럼 빨대를 꽂아 갈증 해소용으로 많이 즐기는 편이다. 나 같은 맥덕들에게는 이러한 모습이 그야말로 '사도'지만, 어쨌든 현지에서는 그렇 게 마시는 게 보편화 되어 있으니 참고할 것.

독일 역시 영국 못지않게, 아니 영국 이상으로 그들만의 맥주에 관한 전통을 고수해온 나라지만 유행 앞에서 장사 없다고(?), 아주 최근에 들어서야 전세계에 불어 닥치고 있는 크래프트 맥주 바람을 서서히 받아들이는 모습을 보이고 있다. 특히 유명 크래프트 양조장 중 하나인 미국의 스톤Stone이 직접 베를린에 양조장 을 짓기로 함으로써 기대감이 더욱 고조되는 중. 업계에 있어 선두 주자를 달리 고 있는 미국의 양조장들이 온갖 스타일들을 파헤치다 못해 이제는 독일의 베를 리너 바이세와 같은 전통적인 스타일들로 옮겨가고 있는 반면 독일에서는 미국의 IPA와 같은 스타일들을 만들려고 하고 있다는 것이 아이러니하다.

추천 장소

Weisses Bräuhaus

맥주를 잘 모르는 사람들이라도 뮌헨에 가면 꼭 가는 곳이 있다. 바로 호프브로이 하우스Hofbräuhaus. 뮌헨 최대의 비어가르텐인 이곳은 맥주 재료에 밀의 사용을 금지하는 맥주 순수령 속에서도 유일하게 궁정 양조장으로서 바이젠을 계속 생산한 것으로 유명한 곳으로, 오늘날 뮌헨 관광객에게는 거의 필수 코스나 마찬가지인 곳이다.

하지만 내가 어떤 사람인가. 맥주 하나 마시러 혈혈단신으로 유럽까지 온 사람이 아닌가. 관광객들 상대로 장사나 하는 곳(?)은 성에 차지 않는다. 좀 더 특별한, 맛있는 곳이 필요하다. 그리고 이러한 나의 기대에 완벽하게 부응하는 곳이 바로 맥주 잘 만들기로 유명한 슈나이더Schneider 양조장에서 운영하는 바이세스 브로이하우스이다.

1855년, 당시 호프브로이 하우스의 브루마스터였던 게오르그 슈나이더 1세Georg Schneider I가 자신의 이름을 딴 양조장을 지은 이래 오늘날 6대째로 이어져오고 있는 이 양조장은 Unser, 즉 '우리들의'로 시작하는 예부터 내려온 전통의 맥주들과 Meine, 즉 '나의'로 시작하는 현 브루마스터가 선보이는 새롭고 창의적인 맥주들을 선보이는 곳으로 유명한 곳이다. 특히 이런 새로운 시도들이 그저 말 그대로 단순히 새롭기만 한 것이 아니라 정말 맛이 있어서 더욱 평판이 높은 곳으로, 맥덕들에게는 이런 창의적인 모습이 기존의 다른 독일 양조장들에서 볼 수 없던 것이라 더욱 사랑받고 있다.

뮌헨의 알트 스태트, 호프브로이 바로 앞에 위치하고 있는 바이세스 브로이하우스에 가면 반드시 마셔 보아야 할 것이 탭 5 마인 호펜바이세Tap5 Meine Hopfenweisse와 탭 4 마인 그뤼네스Tap4 Mein Grünes 이다. 다른 맥주들도 다 맛있지만 그럼에도 이 두 녀석을 선택한 것은 먼저 탭 5 마인 호펜바이세는 신선함이 생명과도 같은 홉이 메인이 되는 맥주이기 때문이다. 이 녀석은 국내에도 수입이 되고 있고, 또 많은 맥덕들의 사랑을 받고 있지만 그럼에도 본토에서 마시는 것은 확실히 다른 맛이 난다. 훨씬 더 신선한 홉의 톡톡 튀는 듯한 느낌... 마셔보면 아는데 뭐라 말로 표현을 못 하겠네 이거.

탭 4 마인 그뤼네스는 내가 정말로 맛있게 마셔서 추천하는 맥주이다. 요즘 대세 중 하나인 유기농 인증을 받은 이 맥주는 국내에 수입이 되지 않아 뮌헨을 갔을 때 처음 마셔봤는데, 마시고 정말 문자 그대로 감명 받은 맥주이다. 사실 나는 취향상 바이젠을 그리 즐기는 편이 아닌데, 이 녀석 만큼은 정말 매일 마셔도 좋을 그런 맥주였다. 진한 바나나 향과 홉의 알싸하면서도 싱그러운 향기가 아주 일품.

이제 뮌헨 가서 맥주 좀 먹었다 하려면 호프브로이 하우스 말고 이곳 바이세스 브로이하우스를 찾도록 하자.

Schlenkerla

우리나라 사람들은 독일로 여행을 가면 유난히 퓌센으로 많이들 간다. 이름만 들으면 별로 친숙하지 않은 도시지만 그럼에도 사람들이 몰리는 이유는 바로 디즈니 성의 모티브가 되었다고 알려진 노이반슈타인 성이 있기 때문. 그런데 맥덕들에게도 이와 비슷한 케이스가 있다. 바로 밤베르크. 역시 이름만 들으면 뭐 하는 곳인지 별로 감이 오지 않는 곳이지만 이곳은 훈제 몰트를 사용하여 독특한 풍미를 만들어내는 라우흐비어가 탄생한 곳이다. 그리고 이 라우흐비어 하면 독보적인 존재, 슐렌케를라가 있다.

사실 밤베르크는 앞에서도 언급한 대로 유네스코 세계 문화유산으로 지정될 정도로 아름다운 도시여서 맥주가 아니어도 관광 삼아 한번 가봄직한 곳. 그 한가운데에 이 아름다운 도시를 더욱 아름답게 만들어줄 슐렌케를라가 위치하고 있다. 1678년 양조장이 새워진 이래 주인은 몇 차례 바뀌었지만 만드는 맥주만큼은 한결같이 라우흐비어를 만들어온 이들은 오늘날 평범한 라거 맥주를 포함하여 7가지 정도의 맥주를 만들고 있다. 이중에서 슐렌케를라를 대표하는 맥주는 매르첸Märzen과 우어복Urbock, 라우흐바이젠Rauchweizen의 세 종. 이 중에서 우어복은 10월에서 11월 사이에만 판매하며, 매르첸과 라우흐바이젠이 항시 생산되고 있다. 밤베르크에 위치한 펍에서는 매르첸만이 드래프트로 판매되고 있는데, 이 드래프트가 평범히 케그에서 서빙되는 것이 아니라 무려 전통 방식 그대로 오크통에 담겨져 통에 꽂힌 꼭지를 통해 서빙된다. 사실 개인적으로는 과연 이 방식이 요즘의 방식과 비교했을 때 얼마나 맛의 차이가 있을지 의문이긴 하지만, 그럼에도 오크통에 꼭지를 호쾌하게 때려 박는 모습을 보고 있노라면 술맛이 절로 돋우어진다.

ISSUE 03. 체코

체코의 맥주는 단 한 단어로 정리가 가능하다. 바로 필스너Pilsner.

1839년, 체코의 작은 마을인 플젠Plzeň에 마을 공동 양조장이 생긴다. 새 술은 새 부대에 담으라고 했던가. 새로 양조장을 지은 마을 사람들은 만드는 술 역시 새롭고 특별한 것을 원했다. 마침 옆 동네(?) 빈에서 비엔나 라거라는 새로운 스타일이 유행한다는 소식이 들려오던 차였다. 새로운 시도의 필요성을 절감한 플젠 사람들은 성격은 더럽지만 실력 하나는 끝내준다는 독일 출신의 양조가 조셉 그롤Josef Groll을 영입하고 마침내 1842년 11월 11일, 최초의 황금빛 라거 맥주인 필스너 우르켈Pilsner Urquell이 선을 보인다.

이후는 우리가 모두 아는 대로이다. 이 황금빛 맥주는 체코 전역, 나아가 전세계를 뒤덮었다. 마침 유리잔이 보급되기 시작했던 게 컸다. 투명한 유리잔 속 투명하고 밝은 노란색과 하얀 거품을 띈 먹음직스런 모습은 당시 어두운 색깔의 맥주만 마시던 사람들의 마음을 흔들기에 충분했다. 재미있는 것은 필스너 우르켈이 등장한 이후로 수많은 아류들이 등장했음에도 여전히 수많은 맥덕들이 최고의 필스너로 필스너 우르켈을 꼽는다는 것이다. 이렇게 최고의 맥주를 접하는 덕분일까. 체코 어딜 가든 필스너 우르켈 간판을 볼 수 있으며, 체코 국민들의 1인당 연간 맥주 소비량은 148.6리터(2012년 기준)로 독보적인 1위를 차지하고 있다.

사실 그도 그럴 것이 체코는 맥주, 그것도 필스너에 아주 적합한 재료들의 산지이다. 서쪽 자텍Žatec 지방으로 가면 화사한 쓴맛과 섬세한 꽃, 풀 향기로 최고의 노블 홉noble hop이라 일컬어지는 자츠Saaz 홉이 생산된다. 동쪽 모라비아Moravia 지방에서 나는 섬세한 향기를 지닌 최상급 보리는 필스너 우르켈이 탄생하던 당시 최신의 몰팅 기술과 만나 어디에도 없던 밝은 황금빛의 몰트가 된다. 물은 또 어떤가. 다른 여타 유럽 지방들과는 달리 플젠의 물은 미네랄 함량이 적은 연수이다. 이 세 가지 재료가 만나 섬세하고 향긋한 '플젠 오리지널', 필스너 우르켈을 만드는 것이다.

이러한 플젠의 필스너 우르켈에 대항하는 곳이 바로 버드와이저이다. 농담하는 거 아니냐고? 진짜다. 영어로는 버드와이저 부드바Budweiser Budvar, 체코어

로는 부데요비츠키 부드바르Budějovický Budvar라는 이름을 가진 이 맥주의 양조장은 체스케 부데요비체České Budějovice라는 도시에 위치하고 있는데, 이 도시는 오래 전부터 맥주 양조로 이름난 도시였다. 그런데 1876년 독일 출신의 미국 이민자 안호이저 부시Anheuser Busch가 라거 맥주를 만들면서 이 도시의 이름을 갖다 붙인 게 문제의 시작(?)이었다. 두 맥주가 분명 다름에도 불구하고 이름이 비슷한 탓에 소비자들의 오해를 불러일으켰고, 이는 곧 상표권 분쟁으로까지 번지게 된 것. 이러한 상표권 분쟁은 오늘날에는 진정 상태이지만, 결국 체코산 버드와이저는 미국에서 체크바Czechvar라는 이름으로, 미국산 버드와이저는 유럽에서 버드Bud라는 이름으로 팔리고 있다. 여하건 이러한 부드바르는 필스너 우르켈과 같은 재료, 유사한 조건의 물을 사용함으로써 필스너 우르켈에 대항하는 높은 퀄리티의 또 다른 필스너를 만들고 있다. 나 개인적으로는 필스너 우르켈을 더욱 좋아하지만.

여기까지 보고나니 체코 사람들은 필스너 하나만 물고 빠는 것(?)같아 보이지만 앞서 살펴보았던 다른 나라들이 그렇듯 체코 역시 크래프트 맥주 바람을 받아들이고 있다. 그 수준은 아직 미약한 편이지만, 그 바람의 세기는 옆 나라 독일보다 훨씬 강력한 곳으로, 특히 미국을 포함하여 전세계의 크래프트 맥주들을 접하기에는 그 어떤 유럽 국가들보다 훨씬 좋은 조건을 갖추고 있다. 개인적으로 전혀 생각지도 못하고 체코에 갔다가 깜짝 놀랐던 부분. 아무래도 1인당 연간 맥주 소비량으로 세계 1위를 차지하는 나라답다 싶다.

추천 장소

Pilsner Urquell Brewery

두 말할 필요가 있을까. 필스너의 기원, 그러니까 필스너 우르켈에 대해서는 앞의 지면을 모두 할애해서 설명했다. 플젠, 아니 체코의 자존심과도 같은 맥주. 체코에 맥주가 아닌 그저 관광을 위해서 여행을 갔다 하더라도 이곳만큼은 한번쯤 둘러보시길 추천한다. 사실 프라하에 볼거리가 그렇게 많지 않기도 하고. 이곳을 가기 위해서는 먼저 플젠까지 이동해야 하는데 그 과정은 그리 어렵지 않다. 프라하에서 기차로 한 시간 반 정도만 가면 되니까. 일단 플젠 역에 도착하면 양조장까지는 10분 정도만 걸어가면 된다.

양조장은 체코에서 가장 잘 나가는 맥주를 만드는 곳인 만큼 정말로, 매우 크다. 또 그만큼 투어도 매우 잘 되어 있다. 압도적인 크기를 자랑하는 시설들이나 360도로 빙 둘러진 스크린을 회전하며 보는 홍보 영상도 인상적이지만 압권은 과거 냉장 양조를 위해 사용되었던 지하 셀라에 가서 오직 양조장 투어에서만 마실 수 있다는 비여과 필스너 우르켈을 한잔 마시는 경험이다. 오직 투어를 위해 만들어지는 맥주인 만큼 맥주 맛도 특별하지만, 무엇보다도 그 장소, 그 분위기가 정말 각별하다. 나로서는 정말 잊을 수 없는 경험.

과거 공산국가 시절을 겪었던 탓에 아직 많은 기업들이 국영기업으로 남아 있지만, 필스너 우르켈 양조장은 현재 세계에서 두 번째로 큰 양조 그룹인 사브밀러SabMiller에 소속되어 있다. 특히 이 사브밀러는 우리나라에 유통망을 갖고 있는 대기업인 덕분에 필스너 우르켈 역시 다른 수입 맥주들에 비하면 훨씬 저렴한 가격으로 접할 수 있다. 보통 맥덕들이 대형 양조장이 소규모 양조장 인수를 꺼리는 걸 생각하면 아이러니한 부분. 사실 인수되더라도 예전처럼 맥주만 잘 만들어주면 그만이긴 하다.

Zlý časy

앞서 유럽 국가들 중에서 의외로 체코가 크래프트 맥주 접하기 좋더라는 이야기를 했는데 그 중심이 되는 곳이 바로 이 즐리 차시이다. 온통 우르켈 투성이인 이 나라에서(물론 맛있지만) 다른 나라 맥주들을 접할 수 있는 몇 안 되는 각별한 장소다.

체코 중심지에서 조금 떨어진 즐리 차시는 펍과 보틀샵 두 곳으로 나뉘어져 있다. 그리고 내가 직접 언급하니만큼 당연한 이야기겠지만 두 곳 모두 정말 훌륭하다. 먼저 보틀샵. 이곳은 그리 크지 않다. 한 서너 평 정도 되려나? 하지만 온 사방을 둘러싸고 있는 맥주들이 훌륭하다. 특히 여지껏 다녀보았던 보틀샵들이 주로 자국 맥주들을 중심으로 구성되어 있었던 반면 이곳은 어느 한쪽으로 치우침이 없이 고전적인 스타일들부터 막 떠오르기 시작하는 체코의 크래프트 맥주까지 모든 국가와 모든 스타일들을 아우르고 있다. 특히 이곳의 맥주들은 모두 그중에서도 평판이 높은 알짜들만 모아놨으니 오너의 맥주에 대한 애정이 얼마나 되는가 짐작할 만하다. 다만 점원이 영어를 잘 못한다는 점은 조금 마이너스. 어차피 손짓 발짓으로 다 통하지만.

바로 옆에 위치한 펍은 처음 들어갔을 땐 당황하게 된다. 왜냐하면 아까 보틀샵보다 조금 큰 사이즈에 정면에는 기다란 바와 뒤로 테이블 두세 개 정도가 다이기 때문. 하지만 곧 정신을 차리고 안쪽으로 통하는 통로를 지나가면 커다란 주방을 지나 뒤쪽에 넓은 공간과 심지어 지하층까지 발견하게 된다. 평일임에도 사람이 꽤나 많아서 겨우 지하층에 작은 테이블을 구해서 앉았다. 그리곤 탭 리스트를 받아 들었는데... 이것 또한 기가 막힌다. 탭 리스트는 사실 대부분이 체코산 크래프트 맥주들로 이루어져 있다. 그러나 간간히 자리 잡고 있는 수입 크래프트 맥주들이 기가 막힌다. 내가 갔을 때는 그레이트 디바이드 브루잉Great Devide Brewing의 벨지안 예티Belgian Yeti가 있었는데 이 녀석을 여기서 보리라고는 전혀 상상치 못했기 때문에 더더욱 놀라웠다. 가격은 당연히 다른 맥주들보다 비싸지만 워낙 체코 코루나 환율이 낮기 때문에 큰 부담은 아니다. 프라하의 다른 크래프트 펍들도 많이 다녀봤지만 이곳 만큼 구색이 좋은 곳은 없었다.

크래프트 맥주

이 책의 주제는 벨기에 맥주이지만, 이를 통해서 맥주 전반을 이야기하는 만큼 이 주제를 안 짚고 넘어갈 수는 없다. 게다가 앞에서 그렇게 언급하지 않았던가? 바로 크래프트 맥주Craft Beer이다.

크래프트 맥주란 무엇인가. 영어로 하면 조금 어색할지 모르겠지만 한글로 옮기면 아마 다들 한번쯤은 들어 보았을 것이다. 바로 수제 맥주. 좁은 의미로는 최근 국내에서 유행하고 있는 아메리칸 페일 에일American Pale Ale, 인디아 페일 에일India Pale Ale과 같이 홉이 주는 여러 가지 과일, 꽃 풍미가 진한 맥주를 일컫기도 하지만, 사실은 보다 넓은 의미에서 하이트나 오비와 같은 대형 양조장이 아닌 소규모 양조장에서 만든 맥주를 일컫는 말이다. 그렇다면 이 크래프트 맥주란 어떻게 등장한 것일까.

그 시작을 짚자면 70년대 미국으로 돌아간다. 당시 미국의 맥주 시장은 암울한 상황이었다. 불과 몇 년 전 우리나라처럼 몇 가지 맥주 밖에 없었다고 해도 과언이 아니라 할까. 본디 유럽의 여러 국가에서 이주해 온 사람들이 꽃 피웠던 미국의 맥주 문화는 30년대의 금주령과 40년대의 2차 대전을 거치며 거의 절멸하게 된다. 남은 양조장들이라곤 옥수수나 쌀 같은 첨가물을 넣어 별 맛도 없는 라거 맥주를 만드는 곳들 뿐. 상당수의 사람들은 이런 맥주에도 만족하고 마셨지만, 다른 사람들, 금

주령 이전에 집안 대대로 양조업에 종사해왔거나 2차 대전에 참전하면서 유럽의 다양한 맥주 맛을 보고 온 사람들에게는 만족스러울 리 없었다. 목마른 자가 우물을 판다고 했던가, 결국 이들이 향한 곳은 직접 맥주를 만들어 마시는 홈브루잉. 당시에는 홈브루잉이 불법이었으나 먹는 것, 그것도 술 앞에서 그깟게 대수랴. 이들은 과거부터 집안에 내려오던 레시피로, 혹은 유럽에서 가져온 책을 통

해서 서로 알음알음 가르쳐 줘가며 자신만의 맥주를 만들기 시작한다. 맥주를 만들었으면? 당연히 나눠 마셔야지. 우리가 수입 맥주나 크래프트 맥주를 처음 마실 때 그랬던 것처럼 친구가 나눠준 맥주를 마신 사람들은 곧바로 빠져들 수밖에 없다. 결국 조금 부지런한 일부는 홈브루잉을 배우면서 또다시 연쇄작용을 일으키고, 덜 부지런한 일부는 브루잉 하는 친구에게 양조장 한번 해보라고 뽐뿌(?)를 넣기 시작한다. 마침 70년대 후반은 이런 미국의 밀주 문화(?)가 꽃을 피우던

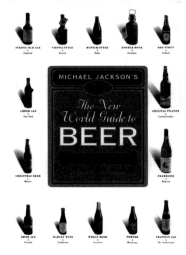

시기. 77년 마이클 잭슨Michael Jackson의 〈세계 맥주 안내서The World Guide to Beer〉가 출간되면서 전 세계의 다양한 맥주들이 소개되었고, 이 책을 기점으로 맥주와 홈브루잉에 관련된 다양한 서적들이 출간되기 시작했다. 79년에는 마침내 홈브루잉이 합법화되면서 음지에서 활동하던 이들이 양지로 나오기 시작한다.

한편 이렇게 양조장 한번 해 보라고 뽐뿌를 받은 홈브루어들. 뽐뿌가 한두 번이면 그냥 넘어가지만 그게 어디 한두 번이어야지. 게다가 덕중지덕은 양덕이라고, 원래 이 사람들이 한번 파고 들어가면 끝을 보기로 유명하지 않은가. 이들은 곧 양조장이라는 사업을 진지하게 생각하기 시작했고, 결국 76년 캘리포니아 소노마에 최초의 크래프트 맥주 양조장인 뉴 알비온 양조장 New Albion Brewery이 설립됨으로써 그 역사가 시작된다. 비록 이 양조장은 이후 역사 속으로 사라지지만, 이를 뒤이어 수많은 양조장들, 개중에는 시에라 네바다Sierra Nevada나 보스턴 비어 컴패니Boston Beer Company처럼 기라성 같은 양조장들도 생겨나면서 크래프트 맥주 혁명이 시작된다. 오늘날 미국의 크래프트 맥주 양조장의 수만 3,000개 이상. 동네 어딜 가도 크래프트 맥주 양조장이 하나씩 있으며 한 해 매출액만 150억 달러에 이르는, 그야말로 크래프트 맥주 전성시대가 도래한 것이다.

한편 이런 크래프트 맥주 혁명은 단순히 미국만으로 그치지 않고 전 세계로 퍼져나가고 있다. 유럽의 경우 각 국가별로 워낙 유구한 맥주 역사를 갖고 있는 탓에 미국만큼 확 퍼져나가진 못했지만 영국에서는 2007년 브루독BrewDog을 시작으로 영국의 맥주 시장은 물론이고 주변 유럽국가나 아시아, 심지어는 미국으로까지 역수출을 하는 상황이다. 타국은 물론이고 타지역 맥주에 대해서도 비교적 배타적 성향을 갖고 있는 독일에서는 비교적 최근에 들어서야 미국식 크래프트 맥주를 양조하여 판매하는 소규모 브루펍들이 생겨나는 가운데, 미국의 유명 크래프트 맥주 양조장인 스톤Stone이 2015년 베를린에 양조장 설립을 목표로 추진하는 등 미국발 크래프트 맥주의 침공이 거세게 일어나고 있는 상황이다. 한편 아시아에서는 일본이 90년 중반부터 지역을 중심으로 하는 이른바 '지비루地ビール'를 발전시켜 오늘날 아시아권에서 가장 발전한 크래프트 맥주 시장을 갖고 있는 가운데, 우리나라에서는 2002년 하우스 맥주집이 도입되어 주로 미국식 크래프트 맥주 보다는 독일식 맥주를 많이 양조하다 잠시 주춤한 이후 2010년을 기점으로 재한 외국인들의 활동에 힘입어 현재의 크래프트 맥주 씬이 활성화 되었다. 이 책의 주제이기도 한 벨기에에서는 2000년대 후반부터 크래프트 맥주를 받아들이기 시작했는데, 과연 '벨기에답게' 맹목적으로 받아들이지 않고 자신들의 맥주 스타일과 접목시켜 벨지안 IPA와 같은 새로운 스타일을 창조하고 있다.

이렇게 전 세계를 열풍 속으로 몰아넣고 있는 크래프트 맥주 혁명. 그렇다면 그 비결은 무엇일까. 다양한 이유가 있겠지만 나는 이 모든 것들을 종합해서 그야말로 미국이어서 가능한 혁명이었다고 본다. 먼저 재료의 측면. 미국은 주요 산업 중 하나로 농업이 들어갈 정도로 비옥한 토양을 자랑한다. 이런 비옥한 토지에서 품질은 뛰어나면서 가격은 저렴한 보리와 홉이 생산되는 것. 특히 홉의 경우에는 품종개량과 비옥한 토양을 만나 이제껏 없었던 새로운 풍미를 갖게 되는데 그 선두 주자가 바로 캐스케이드Cascade 홉이다. 기존의 유럽산 홉들이 섬세한 꽃향기나 풀 향기를 띄었다면 캐스케이드는 오렌지, 자몽으로 표현되는 시트러스 풍미를 띄는 것이 특징. 이후 이 홉을 기점으로 현재도 다양한 풍미를 지닌 홉들이 개발, 재배되고 있다. 두 번째로는 너무나도 당연한 이야기지만 바로 맛의 측면. 특히 이는 기존에 있던 맥주가 아닌 다른 스타일을 만드는 다양성 측면에서도 그렇지만, 무엇보다도 앞서 언급했던 재료들을 사용했던 결과가 크다. 앞서 언급한 뛰어난 품질의 보리와 새로운 풍미의 홉을 잔뜩 사용하여 더욱 호피hoppy 하고 진한big, bold 맛으로 사람들을 매료시킨 것. 특히 이렇게 강렬하고 진한 맛의 특징은 아메리칸 페일 에일, 아메리칸 인디아 페일 에일과 같이 이른바 '아메리칸American'이 붙는 맥주 스타일들의 공통점이기도 하다. 세 번째로는 바로 미국 시장의 방대함이다. 크래프트 맥주가 널리, 특히 미국 시장에서는 더욱 널리 퍼진 오늘날, 그러나 정작 미국 시장에서의 점유율은 단 11%(2014년 기준)에 불과하다. 하지만 이렇게 차지한 11%가 196억 달러를 넘으며, 3,500여 곳의 양조장들이 이를 분할하고 있다는 사실. 게다가 이것도 최근 들어 급속히 성장한 결과로, 크래프트 맥주 시장은 2005년까지만 해도 2%대, 2008년에는 겨우 4%를 차지하고 있었을 뿐이다. 이럼에도 이들이 꾸준히 성장하여 오늘날에 이르게 된 것은 결국 미국이라는 방대한 시장이 보여주는 규모의 경제라고 설명할 수밖에 없는 것. 특히 이런 규모의 경제는 미국 내 모든 시

장에 동일하게 적용되는데, 덕분에 많은 이들이 보다 쉽게 홈브루잉을 접하게 되고, 또 이렇게 배운 이들이 브루어리 창업의 길을 보다 쉽게 걷게 되는 것이다. 네 번째로는 미국인들의 정신 중 하나인 공유 정신이다. 우리는 맥주 양조를 배운다고 하면 흔히 독일에 가서 뮌헨 공대나 각종 기관을 나와 브루마스터 자격을 취득해야 한다고 생각하기 쉽지만, 실제로 크래프트 맥주 양조에 대한 각종 지식과 정보들은 서적이나 인터넷을 통해서 쉽게 접할 수 있는 게 사실이다. 괜히 그저 취미로 맥주나 만들던 홈브루어들이 양조장을 차리겠는가. 이들의 지식 공유는 이뿐만이 아니다. 이렇게 생겨난 1세대 크래프트 맥주 양조장들은 그들이 시행착오를 겪으며 얻어낸 노하우들을 2세대 양조장과 여러 홈브루어들에게 전수하는데 전혀 거리낌이 없다. 양조장 창업자가 쓴 책을 보면 늘 서두에 등장하는 말이 다른 양조장 덕분에 여기까지 올 수 있었다는 감사의 말이며, 인터넷의 홈브루 포럼을 들어가면 늘 볼 수 있는게 양조장 관련인과 홈브루어들 간의 토의이다. 어디 그뿐인가. 이들은 기업 비밀일 수도 있는 사항들, 심지어는 자사 맥주의 레시피까지 거리낌

없이 공개하고 있다. 이러니 미국에서 크래프트 맥주 혁명이 성공적으로 퍼질 수밖에 없으며, 이에 다른 나라들에서도 영향을 받게 되는 것이다.

한편 이렇게 호피하고 진한 맛을 내세워 전 세계를 휩쓸고 있는 크래프트 맥주는 최근 선두주자인 미국에서 새로운 흐름을 맞이하고 있는데 바로 벨기에의 람빅, 플란더스 레드와 같이 신맛을 지닌 사워sour 맥주가 그것. 미국 내에 크래프트 맥주 양조장 수가 워낙 많아지면서 경쟁이 심화되자 이를 돌파하기 위해서 역사 속으로 사라진 스타일의 복원이나 잘 알려지지 않은 스타일을 양조하는 등 다양한 시도가 이어지고 있는데 그중 하나가 바로 이 사워 맥주이다. 람빅 발효에 관여하는 브레타노미세스Brettanomyces의 독특한 풍미, 여지껏 맛보지 못했던 독특한 신맛으로 컬트적인 인기를 얻으며 람빅, 베를리너 바이세Berliner Weisse와 같은 전통적인 스타일로의 시도는 물론이고 '아메리칸 사워American Sour'라고 할 만한 새로운 스타일의 개발도 이뤄지고 있는 추세이다. 이러한 스타일들의 종주국이라고 할 수 있는 유럽, 특히 독일에서는 이제 막 호피하고 진한 아메리칸 크래프트 맥주를 받아들이고 있는데 정작 미국에서는 멸종 위기에 놓인 베를리너 바이세와 같은 스타일들에 집중하는 모습을 보면 어딘가 아이러니한 기분. 또한 워낙 크래프트 맥주 시장이 성장하다 보니 이제는 크래프트 맥주 양조장의 정의가 어떤 것 인지에 대한 논쟁도 분분한데, 어느 크기까지의 양조장을 크래프트 양조장으로 볼 것인지, 그냥 '크래프티crafty'한 맥주를 만들면 하다못해 버드와이저 같은 양조장도 크래프트 양조장으로 볼 수 있는 것이 아닌지, 인베브AbInBev나 사브밀러SabMiller가 크래프트 맥주 양조장을 인수하면 어떻게 되는지가 주된 논란이다. 이에 대해 미국 양조가 협회Brewers Association는 크래프트 맥주 양조장을 연간 생산량 6백만 배럴 이하의 소규모와 외부 자본 비율이 25% 미만인 독립 경영, 제품 생산 시 풍미를 약하게 하기 위해 첨가물을 사용하지 않는다는 기준을 내세우고 있지만 논란은 잘 사그러들지 않고 있는 상황이다. 개인적으로는 이런 복잡한 기준을 내세우기 보다는 그 양조장에서 나오는 맥주가 어떤 것인지를 보고 판단하면 어떨까 싶다. 돈을 목적으로 하는 것이 아닌, 양조가가 스스로 표현하고자 하는 바를 표현하기 위해 열정을 쏟아 부은, 그런 맥주라면 충분히 크래프트 맥주라고 부를 수 있지 않을까.

한국의 크래프트 맥주

앞서 크래프트 맥주 전반에 대한 이야기를 했으니 이젠 한국의 크래프트 맥주 씬에 대해 이야기 할 차례이다. 과연 한국의 크래프트 맥주 씬은 어디까지 왔으며 어떤 상황일까. 이 글을 쓰고 있는 2015년 중반의 시점에서 돌아보고자 한다.

한국의 크래프트 맥주 씬을 이야기하자면 먼저 2002년 월드컵 시기로 돌아가야 한다. 두 회사의 라거 맥주만이 시장을 평정하던 당시, 한국 정부는 월드컵 개최를 앞두고 맥주가 다양하지 못하다는 평가를 받아들이고는 주세법을 완화하여 매장에서 직접 맥주를 만들어 판매할 수 있도록 허가한다. 이것이 바로 '하우스 맥주'의 시작. 지금도 그렇지만, 이들은 '맥주는 역시 독일 맥주'라

는 인식 아래 독일의 대표적인 맥주 스타일인 필스너Pilsener, 바이젠Weizen, 둥켈Dunkel 등을 주로 만들어 팔았다. 초기에는 이런 하우스 맥주에 대한 인식이 좋았던지 양조 장비에만 수억에서 수십억에 가까운 돈이 듦에도 불구하고 하우스 맥주 매장이 전국에 150여 곳에 달했다고 한다.

하지만 미래를 살고 있는 우리는 그 뒤의 전개를 너무나도 잘 알고 있으니... 이런 하우스 맥주에 대한 인기는 금방 사그라들어 매장 수가 50여 곳까지 줄어들고 만다. 이렇게 된 원인으로는 비싼 가격, 맥주에 대한 시장의 인식 부족과 같은 여러 가지 이유가 있겠으나... 개인적인 의견으로는 맥주에 대한 오너의 이해 부족과 이에 따른 품질저하가 가장 큰 원인이 아니었을까 싶다. 당시 하우스 맥주집 오너들은 맥주에 대한 이해와 열정을 갖고 시작한 것이 아니라, 그저 사업 아이템으로 접근한 경우가 대부분이었기 때문이다. 오죽하면 '독일에서 기술자 불러다 몇 달 양조 시키면서 하는 거 대강 배워서 보내고 직접 하면 된다'는 이야기까지 있었을까. 물론 제대로 배운다면 괜찮겠지만, 대게의 경우 맥주에 대한 열정과 이해가 부족하다 보니 품질관리가 제대로 되지 않았고, 이는 곧 고객 감소와 매장 철수로 이어졌다.

하지만 될 놈은 되고, 맛있는 건 퍼지기 마련. 이렇게 '하우스 맥주'라는 이름으로 잠시 주춤했던 우리 크래프트 맥주는 2009년을 기점으로 다시 피어나기 시작한다. 그 부활의 시작은 바로 2010년 11월 캐나다 출신의 홈브루어인 댄 브룬 Dan Vroon이 경리단에 차린 크래프트웍스 탭하우스Craftworks Taphouse. 당시 한국의 맥주 시장은 수입 맥주들의 종류가 다양화된 가운데 미국식 크래프트 맥주도 들어오는 등 하우스 맥주 시절보다 훨씬 성숙된 상태였고, 무엇보다도 재한 외국인들과 이태원을 중심으로 크래프트 맥주에 대한 수요가 어느 정도 마련되어 있는 상태였다.

그러던 차에 댄 브룬이 위탁 양조를 전문으로 하는 카브루Ka-Brew와 손을 잡고 크래프트웍스 탭하우스를 열어 자신이 직접 작성한 레시피로 만든 크래프트 맥주들을 팔며 비로소 한국의 크래프트 맥주 혁명이 시작된 것이다. 처음 외국인들로 가득했던 펍은 입소문을 타며 금방 한국 사람들로 가득하게 되었고, 곧 맥파이 Magpie, 사계, 크래프트 원Craft One과 같이 위탁 생산 방식을 통해 자신만의 맥주를 내놓는 펍들이 서울 전역에 나타나게 되었다. 한편 원류(?)가 되는 크래프트 맥주의 수입 역시 증가하게 되는데, 2011년 브루마스터스 인터네셔널이라는 수입사를 시작으로 몇 수입사들이 미국의 크래프트 맥주들을 의욕적으로 소개하기 시작하더니, 이제는 벨기에, 덴마크, 네덜란드와 같은 유럽의 크래프트 맥주들까지 정말 어마어마한 수와 종류의 맥주들이 들어오고 있다. 오죽하면 맥주만 전문적으로 판매하는 보틀샵Bottle Shop이라는 매장들이 생겨났으며, 한국이 일본을 제치고 미국의 크래프트 맥주 수출국 5위에 올랐을까.

2014년은 그야말로 진짜 '크래프트' 맥주의 시대가 열린 해라고 해도 과언이 아니다. 왜냐하면 취미로 맥주를 만들어 마시던 홈브루어들이 직접 브루펍 Brewpub과 양조장을 차리기 시작했기 때문. 오너가 맥주에 대해 잘 알고 열정을

위탁 양조

자신만의 양조 설비가 없어도 레시피가 있다면 이를 다른 양조장에 맡겨 만들도록 하는 것. 흔히 컨트랙트 브루잉Contract Brewing이라고도 한다. 자체 맥주를 판다는 상당수의 국내 펍들이 애용하는 방식이며, 이블트윈Evil Twin, 미켈러Mikkeller와 같은 유수의 크래프트 양조장(?)들도 사용하는 방식.

갖고 있는, 이른바 '2세대' 크래프트 맥주 양조장의 시대가 시작된 것이다. 특히 이는 기존의 위탁 양조에서 벗어났다는 점에서도 큰 의미를 갖는데, 맥주라는 것이 레시피도 중요하지만 무엇보다 양조와 이후 유통 과정에서도 많은 영향을 받기 때문이다. 아무래도 남한테 맡기는 것보단 내가 직접 하는 게 더 확실하지 않은가. 게다가 기존의 위탁 양조장들이 양조 이후 관리에서 미흡하다는 평을 받아오기도 했고... 1월 서울 안암에 맥주 만들기 동호회 출신의 '엘샤' 정인용 씨를 필두로 3인의 홈브루어가 의기투합해 만든, 직접 크래프트 맥주를 만들고 판매하

는 브루펍 히든트랙Hidden Track을 시작으로 부산의 갈매기 브루잉Galmegi Brewing과 아키투 브루어리Akitu Brewery, 남양주의 핸드앤몰트 브루잉The Hand & Malt Brewing, 음성의 코리아 크래프트 브루어리Korea Craft Brwery와 같이 수많은 양조장들이 생겨나기 시작했다. 한편 이 해는 대기업의 크래프트 맥주 시장에 대한 진입이 시작된 시기이기도 한데, 그 중에서도 특히 신세계가 직접 미국의 유명한 크래프트 맥주들을 수입하더니 아예 강남에 데블스 도어Devil's Door라는 이름의 브루펍을 열어버렸고, 2015년에는 진주햄이 카브루를 인수하는 등 적극적인 행보를 보이면서 일각에서는 골목 상권 침해(?)가 아닐까 하는 우려를 하기도 한다.

이러한 한국의 크래프트 맥주 혁명은 2015년에도 계속 이어지고 있다. 누가 성질 급한 한국인 아니랄까봐 미국에서도 아직 팬이 그리 많지 않은 사워 맥주가 국내에서 양조되어 판매되는가 하면, 기존의 크래프트 양조장들은 맥주를 캔과 병으로 포장하여 이제는 펍이 아닌 집 안으로까지 판매하려 하고 있다. 위탁 양조를 맡기던 펍들은 자신만의 양조장을 짓고, 기존의 양조장들은 확장을 통해 그 덩치를 계속해서 키워나가고 있다. 이 글을 다듬고 있는 오늘 아침에는 펍과 양조장, 수입사를 병행하는 더 부쓰The Booth가 미국의 50대 양조장 중 한 곳을 인수한다고 하니 부쓰의 야망과 실행력에 놀라면서도 세삼 지금이 한국 크래프트 맥주계에 있어 격동의 시기임을 느낀다.

과연 우리 크래프트 맥주 씬의 미래는 어떨까. 생각을 하다 보면 때로는 지금

이 거품이 아닐까 회의적이다가도, 때로는 아직 갈 길은 멀고 발전의 여지는 충분하구나 하고 느끼게 된다. 분명 국내에서 양조된 크래프트 맥주들 중에는 아직 수준이 떨어지거나 결함이 있는 맥주도 있고, 크래프트 맥주에 대한 이해가 떨어지는 게 아닌가 싶은 양조장들도 있다. 하지만 모든 것은 하기 나름이다. 우리가 계속해서 관심을 갖고 지켜보고 애정을 갖고 마셔 준다면 분명 미국 못지않은 씬으로 발전하리라.

❖ 아키투 브루어리

❖ 갈매기 브루잉

한국 맥주는 정말 맛이 없을까

'맥덕후'를 자청하고 다니면 흔히 듣는 질문이 '정말 국산 맥주는 맛이 없나요?'라는 질문이다. 혹은 맥주를 조금 안다고 주장(?)하는 분들이 흔히 하시는 소리가 '국산 맥주는 맛이 없어'라는 말이다. 정말 그런걸까?

결론부터 말하자면 다소 김이 빠지겠지만 반만 맞는 말이다. 그간 판매되어온 국산 맥주들이 맛이 없는 것은 맞다. 하지만 이는 국산 맥주들의 스타일이 원래 맛이 없는 스타일이기에 그렇다.

우리 주변에서 쉽게 찾아볼 수 있는, 흔히 국산 맥주 하면 연상되는 대형 양조장에서 생산되는 카*, 하이*는 라거 맥주로써 그중에서도 페일 라거Pale Lager라는 스타일에 속한다. 그런데 이 스타일은 원래 맛이 없는, 즉 무미한 스타일에 속한다. 실제로 맥주 스타일을 정의하고 있는 BJCPBeer Judge Certification Program나 BABrewer's Association의 레퍼런스를 보아도 페일 라거(=아메리칸 라거)에 대해서는 '맛 자체가 강하지 않으면서 탄산이 강한, 가볍고 상쾌한 맛이 중심이 되는 스타일'이라고 정의하고 있다. 그러면서 오히려 특정 맛이 강한 것은 결점이라고 정의하고 있으니 이 스타일이 맛이 없는 것이 당연한 것이다. 그러니 국산 맥주는 맛이 없다는 비난은 사실 국산 맥주 입장에서 억울한 일. 그저 스타일에 충실히 만들었을 뿐이다.

❖ 오* 프리미어 필스너

하지만 국산 맥주가 억울하든 어쨌든, 맛이 없는 탓에 소비자들의 외면을 받고 있다는 것은 분명한 사실. 확실히 대형 양조장들도 여기에 위기를 느낀 것인지 최근 카*, 하이*를 벗어나 신제품 개발에 주력하는 모습을 볼 수 있다. 먼저 '맛이 있는', 마실 만한 국산 라거로는 클라*드와 오* 프리미어 필스너. 클라*드의 경우 굳이 임의로 스타일을 분류하자면 헬레스Helles에 가까운 스타일이다. 몰트의 달콤한 맛이 은은하면서도 도드라지는 것이 특징이고, 오* 프리미어 필스너의 경우 독일식 필스너German Pilsener로 홉이 주는 허브, 쌉쌀한 맛이 두드러지는 것이 특징이다. 아예 새로운 스타일로는 최근에 등장한 오* 프리미어 바이젠과 퀸* 에일이 있는데, 오* 프리미어 바이젠의 경우 국내에서 파울라너Paulaner, 바이엔슈테판Weihenstephan과 같은 수입 맥주로 인기를 누리고 있는 바이젠Weizen 스타일로 바나나, 정향의 맛이 두드러지는 것이 특징이며, 퀸* 에일의 경우 영국식 페일 에일에 가까운 스타일로써 홉이 주는 맛과 향이 풍성한 것이 특징이다. 두 맥주 모두 기존의 라거가 아닌 상면 발효의 에일로, 다른 기존의 라거 맥주에 비해 훨씬 풍성하고 진한 맛을 자랑한다

❖ 오* 바이젠

(물론 앞서 설명한 바 있듯 꼭 라거가 맛이 가볍고 에일이 맛이 진한 건 아니다). 특히 퀸* 에일은 필자 개인적으로 참 좋아하는 맥주로, 혹시 안 드신 분이 계시다면 꼭 한번 드셔보시길.

❖ 퀸* 에일

여하건 이제껏 국산 맥주가 맛이 없었던 것(無味)은 사실이지만, 그것은 맥주 스타일이 원래 그랬던 것이며, 대형 맥주 양조장들도 이 점을 알고 최근 신제품 개발과 맛 향상에 주력하고 있다는 것이 이 파트의 내용 요약이 되겠다. 그러니 다들 앞으로는 국산 맥주를 마실 때 국산이니 맛이 없을 거라는 편견을 버리고 열린 마음으로 맥주를 대하도록 하자. 사실 국산 맥주가 맛이 없다는 선입견은 선입견 그 자체에서 시작되는 경우가 대부분이다. 카*나 하이*같이 원래 그런 맛이 나는 맥주 빼고 다른 국산 맥주들, 마셔보면 꽤나 근사한 맥주들이다.

국내에서 벨기에 맥주 즐기기

벨기에 맥주를 즐기는 가장 좋은 방법은? 바로 벨기에 현지에 가서 직접 양조장을 찾아 그곳에서 마시는 것이다. 하지만 말이 쉽지, 대부분의 사람들이 벨기에 양조장을 찾아가기는커녕 국외로 나가는 것조차도 쉬운 일이 아닐 것이다. 부끄럽지만(?) 맥덕을 자처하는 나 역시 이 여행 이후로 아직 유럽으로는 가 본적이 없고.

그렇다면 맥주를 즐기는 방법 중 가장 현실성 있는 방법은 무엇일까. 정답은 바로 벨기에 맥주 전문점을 찾는 것이다. 이 책을 여기까지 읽으신 분들이 다들 느끼셨듯이 분명 벨기에 맥주는 마이너한 분야가 맞지만 그만큼 매니악한 점도 있는 것이 사실이다. 덕분에 그 수는 적어도 벨기에 맥주만 전문적으로 취급하는 전문점들이 과거부터 현재까지 조금씩 생겨나고 있는 것도 사실. 여기서는 몇 되진 않아도 모두 주옥과도 같은 국내의 벨기에 맥주 전문점 세 곳을 소개해 본다.

ISSUE 01. 누바 | 서울 마포구 어울마당로 136-18

현재까지 국내에 단 세 곳만이 존재하는 벨기에 맥주 전문 펍. 다들 저마다의 특색을 지니고 있어 우열을 가리는 건 불가능에 가깝지만 그럼에도 굳이 한 곳만을 꼽자면 어딜 골라야 할까. 나는 바로 이 누바를 선택하고 싶다.

홍대 앞 최고 번화가인 걷고 싶은 거리 한켠에 위치하여 외관부터 범상치 않은 포스를 풍겨내는 이 펍은 2011년 개업하여 어느덧 4년차에 접어든 중견(?) 벨기에 맥주 전문 펍. 그러면서 그 사이에 국내 최고의 벨기에 맥주 펍으로 자리 잡았다. 그도 그럴 것이 펍의 오너가 직접 수입사와 손을 잡고 함께 다양한 벨기에 맥주들을 소량이나마 계속 소개해 온지가 벌써 2년

째, 어느 샌가 펍에 보유하고 있는 맥주가 보틀과 드래프트를 합쳐 60여 종이 넘어가고 있다. 재미있는 것은 이 펍이 오픈 할 때부터 벨기에 맥주 전문점은 아니었다는 사실. 평범한 펍으로 영업하던 어느 날, 오너가 당시 수입된 지 얼마 안 되었던 신트 베르나뒤스 앱트 12St. Bernardus Abt 12를 마시고는 감동받아 벨기에 맥주를 조금씩 늘리던 것이 오늘날에 이르게 되었다고 한다. 오너의 덕력이 어느 정도인지 무시무시할 정도이다.

장드렝-장드레누이 IV 세종Jandrain-Jandrenouille IV Saison, 까주 세종 Cazeu Saison과 같은 벨기에에서도 크래프티한 맥주들을 독점 취급하고 있으며, 최근에는 숙성에 관심이 많아 여러 벨기에 맥주들을 펍에서 자체적으로 숙성시키고 있다고 한다. 벨기에 맥주에 관심이 있다면 반드시 들려보아야 할 곳. 오너의 추천으로는 트리플triple은 까르멜리엣Karmeliet, 쿼드루플은 로슈폴 10Rochefort 10, 사워 계열로는 페트루스 에이지드 페일Petrus Aged Pale. 벨기에 맥주란 어떤 것인지, 무엇이 대세인지를 느끼게 해준다.

ISSUE 02. 하이로 비어 | 서울 중구 세종대로 18-1

서울역과 남대문 사이, 각종 기업의 빌딩들이 늘어서 있으면서 사이사이로는 남대문 시장이 들어서 있는 어수선한 분위기 속에 어딘가 어울리는 듯 어울리지 않는 듯 벨기에 맥주 전문점이 있다. 바로 하이로 비어이다.

펍의 외관은 주변 시장 건물들과 다를 게 없다. 유심히 살펴지 않는다면 이곳이 벨기에 맥주를 취급하는 곳인지 그냥 호프집인지 분간이 안갈 정도이다. 내부는 더욱 그렇다. 맥주를 찾아 나름 세련된 펍들만 다니던 내게는 어딘지 모르

게 구수한 분위기마저 느껴질 정도이다. 어릴 적 아버지의 손을 잡고 따라 들어 갔던, 혹은 학교 후문에 꼭 한군데씩은 있는 옛스런 분위기의 호프집 그 자체. 하지만 이곳의 메뉴판을 펼치는 순간 이 장소의 범상치 않음에 놀라고 맥주를 주문하는 순간 오너께서 서빙하는 모습에 놀라게 된다. 이곳, 예사 장소가 아니다.

그도 그럴 것이 이곳은 명실상부 국내 최고(最古)의 벨기에 맥주 전문점이다. 펍(호프집)으로만 30년 이상, 벨기에 맥주 전문점으로 거듭난지도 어느덧 7년차. 지금의 오너께서는 2대째로 가업을 물려받아 잇고 계신단다. 어디 남의 나라 이야기가 아니다.

그 시절 벨기에 맥주가 생소했을 법도 한데 이렇게 과감한 선택을 하신 이유가 무엇이냐 물어보니 재미있게도 지금의 오너께서 15년 전 호가든에 그렇게 빠지셨다고. 그것이 계기가 되어 벨기에 맥주에 눈을 떠 당시로서는 어려운 결정을 과감히 내리셨다고 한다. 이제는 수입사와 손잡고 직접 벨기에 맥주 수입도 하고, 주변 직장인들의 핫 플레이스가 되었으니 이만하면 성공이라 할 수 있을 듯.

처음 벨기에 맥주를 접하는 분들께 하는 오너의 추천은 카스틸 블론드Kasteel Blonde와 포페링스 호멀비어Poperings Hommelbier, 카스틸 트리펠Kasteel Tripel. 벨기에 맥주 입문하기에 훌륭한 제품들이다.

최근 연남동, 강남 등에 크래프트 맥주를 취급하는 펍들이 늘어나고 있지만, 그럼에도 맥덕들의 핫플레이스는 단언컨대 이태원과 녹사평이다. 이것은 어쩔 수가 없는 사실이다. 본디 우리 크래프트 맥주 시장이 재한 외국인들을 중심으로 형성되었던 만큼 메인스트림 시장이 대부분 이태원과 녹사평에 형성되었기 때문이다.

하지만 그런 이 지역에도 단 하나 아쉬움이 있었으니 그것이 바로 벨기에 맥주 전문점의 부재이다. 뭐, 그도 그럴 것이 국내에 제대로 된 벨기에 맥주 전문점이 단 두 곳, 이곳까지 포함하여 세 곳에 불과하니까... 여하건 지금까지는 사람들이 벨기에 맥주를 즐기기 위해서는 누바가 있는 홍대나 하이로 비어가 있는 남대문을 찾아갔어야 했다. 하지만.

지난 가을, 2014년 10월 경리단길 한컨에 바로 이 벨지가 들어옴으로써 그 아쉬움이 한방에 해결되었다. 특히 이곳은 신생 펍답지 않게 여느 벨기에 맥주 전문점에 못지않는 라인업을 갖추고 있는데, 그도 그럴 것이 이곳의 오너가 벨기에 맥주 전문 수입사 오너분과 30년 지기 친구라고. 여전히 국내에서 생소한 벨기에 맥주를 전문으로 취급하게 된 것도 그런 인연이었다고 한다. 친구 덕분에 벨기에 맥주에 눈을 뜨고 아예 가게까지 차리셨다는 이야기. 하여간 사람은 친구를 잘 두어야 한다.

이곳의 라인업은 드래프트와 보틀 모두 포함하여 약 40종에 달하며, 특히 드래프트 라인의 경우 누바처럼 소량으로 계속 변할 예정이라고 한다. 최근 경리단길이 맥덕들 뿐 아니라 대중에도 널리 알려져서 그런지 의외로 20대 후반에서 30대 초반의 여성 고객들이 많다는 후문. 오너의 추천은 신트 베르나뒤스 앱트 12. 오너가 가장 좋아하는 맥주이기도 하고, 여러 맥주 레이팅 사이트에서의 평도 매우 좋은 편이며, 무엇보다 최고의 맥주로 일컬어지는 베스트블레테른 12Westvleteren 12에 가장 근접한 맥주라서이다.

토막 이야기_ 요즘 대세 맥주 스타일들

이 책의 메인 테마가 벨기에 맥주이지만, 사람이 어떻게 벨기에 맥주만 마시는가. 게다가 요즘 맥주의 대세는 미국발 크래프트 맥주들이 아니던가? 그래서 요즘 대세 인 맥주 스타일들을 간단하게 정리해 봤다.

페일 에일

최근 유행하는 미국발 크래프트 맥주 붐에서 어 찌 보면 가장 기본이라 할 수 있는 스타일. 페일 에 일Pale Ale이지만 색은 노란 필스너처럼 아주 밝진 않은데, 그것은 이 색 기준이 과거의 기준이기 때 문이다. 실제로 보면 붉은빛을 띈다. 이 페일 에일 은 두 가지 스타일로 다시 분류가 되는데, 잉글리 시 페일 에일English Pale Ale과 아메리칸 페일 에 일American Pale Ale이 그것이다. 잉글리시 페일 에일은 홉의 과일 향이나 허브향이 비교적 마일드 하면서 효모가 주는 과일, 꽃과 같은 에스테르가 함께 느껴진다. 맛에 있어서도 몰트의 단맛이나 고 소한 맛이 어느 정도 느껴지는 편. 반면 아메리칸 페일 에일은 홉, 그것도 미국이나 호주, 뉴질랜드와 같은 '신세계' 홉이 가져다주는 시트러스, 소나무, 열대 과일과 같은 향이 지배적이며 효모의 에스테르는 거의 없다. 맛에 있어서도 역시 홉의 풍미가 지 배적이다. 두 스타일 모두 도수는 4도 중반대에서 6도 초반대이다. 밸런스를 중시한 다면 딱 맞는 스타일.

추천 맥주 : 날 맥덕의 세계로 이끌었던 바로 그 맥주 Fuller's London Pride(EPA), 누구나 좋아할 수밖에 없는 그 맛 Sierra Nevada Pale Ale(APA)

IPA

페일 에일이 기본이었다면 인디아 페일 에일 India Pale Ale, 즉 IPA는 대세라 할 수 있다. 앞서 서도 간략하게 설명한 바 있지만, 과거 영국이 동 인도회사를 통해 인도를 식민 지배하던 시절, 뜨거 운 적도를 지나서도 상하지 않고 버틸 수 있도록 도수를 올리고 홉도 팍팍 넣어 만든 맥주 스타일 이 바로 이 IPA인 것이다. 이 스타일 역시 페일 에 일과 마찬가지로 잉글리시 IPAEnglish IPA와 아메 리칸 IPAAmerican IPA의 두 종류가 있는데, 차이 점 역시 페일 에일과 유사하다. 잉글리시 IPA가 비 교적 도수도 낮고 홉의 풍미가 마일드 하다면, 아메리칸 IPA는 높은 도수와 아주 강렬한 풍미를 갖고 있다. 특히 아메리칸 IPA는 다양한 변종(?)들이 생겨나고 있는데, 가령 예를 들어 스타우트같이 검은 몰트의 탄 맛과 색을 가진 블랙 IPABlack IPA, 벨기에 효모가 주는 풍미와 IPA의 홉 풍미가 잘 어우러지는 벨지안 IPABelgian IPA, 그냥 IPA도 꽤나 강한데 도수와 홉을 더욱 강화한 더블 IPADouble IPA 등이 그것이다. 도수는 다양한 편인데 잉글리시 IPA가 5도 초반에서 7도 중반이라면 아메리칸 IPA는 5도 중반에서 10도까지 다양하다. 맛과 향이 진해 최근 많은 사랑을 받고 있는 스타일.

추천 맥주 : 영국 대표 양조장의 Fuller's India Pale Ale(EIPA),
우리나라에 들어온 IPA중 원탑 Ballast Point Sculpin(AIPA)

필스너

1842년 체코의 도시인 플젠Plzen에서 등장한 최초의 황금빛 맥주. 오늘날 우리들이 마시는 황금빛 라거들은 모두 이 스타일에 기원을 두고 있다고 해도 과언이 아니다. 그것이 바로 필스너 Pilsner. 이전까지만 해도 맥주들은 모두 붉은색이었다. 그러던 것이 몰트 제조 기술의 발달로 낮은 온도에서 건조된, 황금빛의 필스너 몰트가 등장하게 된 것. 이후는 우리 모두가 잘 알 듯 이 황금빛 맥주가 전 세계를 뒤덮게 된다. 황금빛 필스너 몰트의 고소함, 싸츠Saaz, 테트낭Tettnang과 같은 노블 홉의 허브 향기와 깔끔한 쓴맛이 어우러져 전반적으로 아주 깔끔하고 청량한 맛이 느껴진다. 도수는 4도 초반에서 5도 중반대. 개인적으로는 이 필스너 만큼은 아무리 날고기는 미국의 크래프트 양조장들이라 하더라도 오리지널인 유럽을 따라가기가 힘들다고 생각하며, 그 최고봉 역시 스타일의 기원인 필스너 우르켈Pilsner Urquell을 꼽는다.

추천 맥주 : 영원한 고전 Pilsner Urquell.
미국 버드와이저랑 이름이 비슷해 법정까지 간 Budweiser Budvar

포터/스타우트

18세기 런던에서 등장하여 크게 유행했던 스타일. '짐꾼porter'라는 이름답게 등장했을 당시에는 갈색의 달콤한 맥주였으나 몰트 제조 기술의 발달, 시대의 변화 등으로 인하여 현재의 스타일로 자리 잡게 되었다. 현재의 포터는 카라멜, 초콜릿, 커피, 쌉싸레한 탄 맛이 느껴지는 것이 특징. 한편 포터와 구분하여 스타우트라는 스타일도 존재하는데, 사실 이 둘은 그냥 같은 스타일이라고 봐도 무관하다. 두 스타일을 따로 구분하기는 하나 이는 역사적인 구분일 뿐, 당시 영국에서도 포터와 스타우트를 혼용해서 사용했기 때문이다. 그러나 일반적인 포터보다 조금 강한 맥주에 대해서 스타우트라는 이름을 쓰는 경향이 있기는 하다. 아무튼 이 두 스타일은 같다고

보면 OK. 이 스타일 역시 IPA와 비슷하게 다양한 변종들이 있는데, 오트밀을 넣어 질감을 부드럽게 한 오트밀 스타우트Oatmeal Stout, 락토스, 즉 유당을 넣어 부드러운 질감과 단맛을 더한 스윗 스타우트Sweet Stout, 과거 러시아 왕실 수출용으로 맛과 도수를 높인 임페리얼 스타우트Imperial Stout 등 종류가 다양하다. 당연히 알콜도수도 변종들에 따라 다르다. 우리나라 사람들은 이 스타일을 모조리 '흑맥주'라 부르는 경향이 있는데 색은 비슷하게 검더라도 맛이 다른 스타일들도 많으니 주의해야 한다.

추천 맥주 : 너무나도 사랑스러운 최고의
Fuller's London Porter,
그 분의 그것 만큼이나 묵직한
North Coast Old Rasputin

바이젠

앞서 설명한 바 있는, 독일 맥주 순수령 등장의 원흉이 되는 스타일이 바로 이 바이젠Weizen이다. 남부 독일의 상징과도 같은 이 맥주는 여타의 맥주들과는 달리 보리 몰트 뿐만 아니라 밀 몰트도 같이 사용한다는게 특징. 여기에 효모 역시 바이젠만의 특별한 효모를 사용하여 특유의 바나나, 풍선껌, 정향과 같은 산뜻한 풍미를 만들어낸다. 이 스타일 역시 많은 변종들이 있는데, 가장 대표적인 스타일은 헤페바이젠Hefeweizen. 헤페란 독일어로 효모를 뜻하는 것으로, 이 스타일은 효모를 걸러내는 공정을 거치지 않아 맥주가 뿌옇다. 덕분에 독일 사람들은 이 스타일을 일종의 '건강식'으로 생각한다고. 반대로 필터링을 거치면 크리스탈바이젠Kristallweizen이 된다. 색을 어둡게 만든 것은 둔켈바이젠Dunkelweizen. 도수는 4도 초반에서 5도 중반대. 이 스타일은 우리나라에도 잘 알려진 편인데, 맥주에 조금이라도 관심이 있는 분이라면 누구나 한번쯤 마셔봤을 바이엔슈테판 헤페바이스비어Weihenstephaner Hefeweissbier, 파울라너 나투르트륍Paulaner Naturtrüb이 그 대표적인 예이다. 한편 도수를 6도 중반에서 9도대로 높인 스타일도 있는데, 이를 바이젠복Weizenbock이라 부른다. 개인적 취향상 나는 그리 좋아하지 않지만, 많은 사람들의 사랑을 받는 스타일이다.

추천 맥주 : 세계에서 가장 오래된 양조장의 Weihenstephaner Hefeweissbier(Hefeweizen),
진한 바닐라 맛이 인상적인 Weihenstephaner Vitus(Weizenbock)

베를리너 바이세

사실 이 맥주는 지금 대세라고 보긴 어렵다. 그러나 곧 대세가 될 스타일임에 분명하다. 앞서 밀을 사용하는 바이젠을 독일 남부를 대표하는 스타일이라 소개했지만, 사실 맥주에 밀을 사용하는 것은 남부 독일만의 전유물은 아니었다. 북부 독일에서도 몇 가지가 있는데 그 중 하나가 바로 베를리너 바이세Berliner Weisse다. 이 스타일의 특징은 시다는 것이다. 람빅과 마찬가지로 시다. 그러면서 도수는 2도 후반에서 3도 초반대로 그리 높지 않기 때문에 가볍고 상쾌하게 마실 수 있으며 아무래도 신맛 때문인지 프룻 람빅이나 파로처럼 시럽을 타서 마시기도 한다. 독일에서는 점점 사라져가는 스타일이지만, 새로운 스타일을 찾는 미국 크래프트 브루어리들에 힘입어 다시금 부활의 징조를 보이고 있는 스타일. 국내에서도 람빅, 플란더스 레드를 비롯하여 신맛이 주가되는 이른바 '사워 비어'가 조금씩 인기를 얻고 있는 바 조만간 대세가 될 것임이 분명하다. 다만 아직 이 스타일의 맥주가 제대로 수입되지는 않는다는 게 함정.

추천 맥주 : 그나마 대중적인 것은 Berliner Kindl Weisse.
대부분 미국계 크래프트 양조장에서 조금씩 만들어지고 있다.

벨기에에
마시러 가자

마시기를 넘어서

STORY 01 홈브루를 시작하다 *Belgium*

헨트를 끝으로 벨기에 일정을 마치고 독일, 체코를 거쳐 한 달간의 맥주여행을 끝마치고 귀국하는 비행기 안. 내 머릿속은 얼른 제대로 된 홈브루를 시작해야겠다는 생각으로 가득 차 있었다.

사실 이번 여행은 나에게 단순한 맥주기행 이상의 의미가 있었다. 대학 새내기 때부터 빠져든 맥주. 어느새 나에게는 단순한 취미를 넘어 업으로 삼고 싶은 목표가 되어 있었다. 하지만 현 시점에서 보았을 때 내가 좋아하는 크래프트 맥주의 시장이 너무 작은 것이 현실. 앞으로 성장 가능성이 유망하고, 또 실제로도 계속 성장하고 있지만 그럼에도 아직은 목표로 잡고 나아가기에는 거리낌이 있는 게 현실이었다. 그렇기에 이번 여행을 통해 유럽의 다양한 맥주 문화들을 체험하고, 당면한 과제에 대해 고민해보려 했던 것. 비록 늘 맥주를 마시느라, 또 새로운 풍경에 취해 있느라 진지하게 생각하는 시간을 많이 갖진 못했지만, 그럼에도 여러 문화를 체험하고, 또 다른 맥주 마니아들을 만나면서 내린 결론은 당장 목표를 잡지는 못하더라도 일단 내가 할 수 있는 걸 하자는 것이었다. 그리고 맥주와 관련해서 당장 내가 시작할 수 있는 것이 바로 홈브루였다.

홈브루, homebrew. 말 그대로 집에서 맥주를 만드는 것. 처음 메소포타미아에서 맥주가 만들어졌을 땐 아마 모든 맥주는 홈브루였을 것이다. 그러던 것이 직업 개념이 생겨나고 사람들이 분업을 시작하면서 점차 사라져 갔다. 장소와 시간에 따라서는 나라에서 아예 법으로 금지하기도 했다. 홈브루가 오늘날의 위상(?)을 갖기 시작한 것은 1978년 미국에서 홈브루를 금지하는 연방법안이 수정되면서부터이다. 이때부터 많은 미국인들이 홈브루를 시작했고, 그중 일부는 홈브루를 넘어 상업 브루잉을 시작하면서 현재의 미국발 크래프트 맥주 붐을 일으켰다. 우리나라에 홈브루가 허가된 것은 1995년. 그러나 본격적으로 보급된 것은 2002년 월드컵을 계기로 '외국 손님들에게 단조로운 맥주만 내놓을 수 없다'는 논리 하에 흔히 '하우스 맥주'로 부르는 소규모 맥주 제조업이 허가되면서부터이다. 이때부터 주변에 하우스 맥주집이 생기고 이를 계기로 하나둘 홈브루를 시작한 것. 그러다가 2010년 크래프트 맥주들이 수입되고, 또 외국인들이 국내에서 크래프트 맥주를 만들어 팔면서 성공을 거두자 관심이 대폭 증가하여 오늘날에 이르고 있다.

집에서 맥주를 만든다고 하면 왠지 어려울 것 같고 대단해 보이지만, 꼭 그렇지만은 않다. 물론 디테일하게 따지고 들어가면 어려운 부분도 많다. 하지만 그거야 뭔들 안 그렇겠는가. 맥주를 만드는 과정은 우리네 식혜를 만드는 과정과 비슷하다. 몰트를 파쇄하여 온도를 맞춘 물에 넣어준다. 한 시간 정도 기다리면 맥즙 완성. 이것을 또 한 시간 정도 끓이면서 맥주에 맛을 넣어 줄 홉을 넣는다. 홉 스케줄대로 끓이는게 끝이 나면 바로 식혀서 발효조로 옮기고 효모를 넣어준다. 일주일 정도 기다리면 맥주 완성. 크게 어려울 것이 없다. 이렇게 처음부터 물을 가지고 만드는 양조 방식을 완전 곡물All grain 이라고 한다. 다만 워트를 만드는 과정이 실제로는 조금 복잡하고, 장비도 따로 필요하다. 그래서 아예 이 과정을 생략할 수 있도록 워트를 농축시켜 놓은 LME라는 제품도 있다. 이 제품을 사용하면

당화할 필요 없이 끓이면서 홉만 넣고 발효시키면 끝. 혹여 맛을 추가하고 싶다면 몰트 약간을 가지고 맛을 우려 낼 수도 있다. 이 방식은 곡물을 일부만 사용한다고 하여 부분 곡물Partial grain이라고 부른다. 이도저도 귀찮다, 그러면 아예 홉트 익스트랙트hopped extract, 흔히 '캔'으로 부르는 제품을 따서 물과 섞고 그냥 발효시키는 방법도 있다. 라면 끓이는 것 보다 쉽다. 이 방법을 제품명 그대로 홉트 익스트랙트라 부른다.

이 세 가지 방법 중 내가 선택한 것은 완전 곡물이었다. LME는 간편하긴 하지만 곡물로 하는 것보다 재료비가 많이 든다. 홉트 익스트랙트는 너무 간단해서 사실 브루잉이라 부르기도 다소 민망하며, 결정적으로 맛이 없다. 이에 비하면 완전 곡물은 훨씬 번거롭고 시간도 많이 들고 초기에 갖춰야 할 장비도 만만치 않

지만, 그만큼 내가 맥주에 개입할 요소가 많다는 장점이 있다. 진짜 내 맥주를 만들 수 있는 것이다.

자, 이제 홈브루를 시작하기로 마음먹었으니 장비 마련에 앞서 홈브루에 대해 본격적인 공부를 할 차례. 기본적인 내용들은 국내 굴지의 홈브루 동호회, 맥주 만들기 동호회(http://cafe.daum.net/microbrewery)에서 많이 배웠다. 10년이 넘는 역사를 갖고 있어 많은 정보들이 축적되어 있기 때문에 게시판에 쌓인 글들을 읽는 것만으로도 많은 도움이 되었다. 이 정도만 해도 일반 취미 레벨에서는 충분한 수준. 하지만 나의 각오는 단순한 취미 수준에서 남는게 아니었다. 게다가 성격상 적어도 취미에서는 어중간하게 하는 걸 싫어하기도 했고. 더 자세한, 고급스런 정보들은 영문으로 출간된 다양한 브루잉 관련 서적들과 해외의 여러 브루잉 관련 포럼들을 참고했다. 사실 앞서도 이야기했듯 양조가가 되겠다 하면 어디 독일이나 미국으로 유학을 다녀와야 한다고 생각하는 사람들이 많은데, 정작 오늘날 크래프트 브루어리를 창업하는 사람들을 보면 대부분이 홈브루어 출신들이다. 그만큼 맥주 양조와 관련해서는 많은 정보들이 오픈되어 있기 때문에, 배우고자 하는 의지와 약간의 영어 실력만 있으면 굳이 비싼 돈 들여 유학을 다녀올 필요는 없다는게 나의 솔직한 생각이다.

자, 이제 뭘 준비해야하고 어떻게 해야할지 기본적인 사항을 알았다면 이젠 장비를 마련할 차례. 일반적으로 완전 곡물 양조에는 몰트를 맥즙으로 만들어 줄 당화조와 팔팔 끓인 워트를 식혀줄 칠러, 발효를 위한 통인 발효조가 필요하다. 이 중에서 가장 핵심적인 것은 당화조. 칠러야 없어도 어떻게든 맥즙을 식히고, 발효조야 없어도 다른 통을 사용할 수 있다지만 곡물과 맥즙을 걸러줄 당화조만큼은 대체할 방법이 마땅찮다. 물론 후에 소개할 BIAB라는 방식을 이용하면 이것도 간단히 해결할 수 있지만, 이 방식은 왕도라기보다는 임시방편에 가깝다. 그만큼 맥주의 품질이 떨어지기 때문. 당화조를 마련하기 위해서는 기성품을 사는 방법과 직접 자작하는 방법이 있는데, 나는 자작을 선택했다. 어차피 기성품이라고 해도 국내 홈브루 서플라이에서 직접 제작해서 판매하는 것이기 때문. 직접 통을 사서 구멍을 뚫고 밸브와 온도계, 몰트를 걸러줄 스크린을 설치하면 비용을 크게 아낄 수 있다.

나는 당화조를 만들던 그 순간을 아직도 잊을 수 없다. 아마 앞으로도 못 잊을 듯한데, 바로 이때 자타가 공인하는 국내 최고의 홈브루어이신 Pooh 님의 도움을 많이 받았기 때문이다. 그것도 민폐를 꽤나 많이 끼치지 않았나 싶을 정도로 말이다. 해가 꺼진 밤 시간에 Pooh 님의 주차장에서 온 동네가 울리도록 스테인리스 식깡에 구멍을 뚫어주시던 그 모습은 지금 생각해도 너무나도 감사한 모습이다. Pooh 님께는 그 뒤로, 현재진행형으로 많은 도움을 받고 있다.

여하건 이렇게 당화조는 장만. 칠러 역시 기성품과 자작의 길에서 자작을 선택했다. 칠러는 별달리 어려울 게 없었다. 철물점에 가서 스테인리스 주름관을 사서 동그랗게 말아서 호스를 연결하면 끝. 다만 스테인리스 주름관이 잘 휘질 않아서 고생을 좀 했다. 결국 이쁘게는 못 만들었다. 발효조는 그냥 하나 구입했는데, 발효조라고 별다른 건 없고 밀폐가 되면서도 발효 중에 발생하는 이산화탄소를 외부로 배출할 수 있는 에어락만 장착이 가능하면 된다. 처음에야 사서 썼지만 나중에는 그냥 시장에 파는 담금주 통에 에어락 구멍만 뚫어서 쓰곤 했다.

이 외에 맥주 도수를 측정하기 위해서는 필수적인 비중계라든지, 워트와 맥주를 옮길 때 사용하는 오토 사이펀과 같은 자작 불가능한 도구들은 그냥 구입했다. 그렇게 크게 부담스러운 가격도 아니고... 자, 이제 도구를 장만했다면 맥주를 만들 차례....지만 그래도 백문이 불여일견(?), 이미 홈브루를 하고 있는 사람들은 어떻게 하는지가 궁금했다. 여기에서는 역시 자타가 공인하는 국내 최고의 홈브루어이신 fisher 님의 도움을 많이 받았다. 마침 fisher 님께서는 취미 생활을 보다 본격적으로 확장해 홈브루 재료들도 판매하고 장비가 없는 사람들도 와서 맥주를 만들어 갈 수 있도록 홈브루 공방을 오픈하셨던 차. 나는 이곳을 자주 드나들며 홈브루에 관한 기본적인 테크닉들을 배울 수 있었다.

자, 이렇게 홈브루를 시작할 준비를 마쳤다.

첫 맥주를 만들다

자, 이제 집에서 맥주를 만들 준비는 끝났다. 이제 양조를 시작할 차례. 이에 앞서 먼저 만들 맥주의 레시피와 이에 따른 재료들이 필요하다.

레시피를 준비하는 것은 어렵지 않다. 많은 홈브루어들이 자신의 레시피를 공개하고 있고, 심지어는 많은 크래프트 맥주 양조장들도 자신들의 레시피를 거리낌 없이 공개하고 있기 때문. 구글에 검색하면 수두룩하게 나오니 이들 중에서 괜찮은 것 하나 골라서 만들면 되지만, 쓸데없는 고집일까. 나는 이왕이면 나만의 오리지널 레시피로 맥주를 만들어 보고 싶었다.

이를 위해 먼저 만들 맥주의 스타일을 정해야 한다. 나는 아메리칸 페일 에일 American Pale Ale을 만들기로 했다. 이걸 만들려고 했던 이유는 내가 호피한 맥주를 좋아할뿐더러 맥주에 결점이 있더라도 진한 홉의 맛과 향이 가려 줄 것이라 생각했기 때문. 이를 위해 다른 사람들의 APA 레시피들을 모아서 분석을 했다. 베이스 몰트와 특수 몰트의 비율은 어떤가, 특수 몰트는 어떤 걸 쓰는가. 홉을 넣는 시간은 어떻고 양은 어떤가. 쓴맛의 척도인 IBU는 어느 정도로 맞추는가. 몰트를 당화하는 시간과 온도는 어떤가 등등... 사실 말이 좋아서 나만의 오리지널 레시피지, 사실은 다른 사람들의 레시피를 짜깁기 한 것에 불과했다. 그도 그럴 것이 아직은 어떤 재료가 어떤 맛을 내고 얼마나 넣는 게 적당한지에 대한 개념이 없었기 때문이다. 그래도 이러한 식으로 다른 사람의 레시피들을 분석하는 것은 지금 와서 생각해보기에도 내게 큰 도움이 되었다.

이런 식으로 만든 레시피는 다음과 같았다.

#1 maiden flight			
초기비중	1.050	종료비중	1.010
IBU	35	SRM	8
양	20L	도수	5.2% ABV

곡물	
이름	양
Weyermann Pale Ale	0.45kg
Weyermann Caramunich III	0.45kg
Weyermann Carapils	0.45kg

호핑 스케줄			
이름	양	시간	AA
Simcoe	8.5g	60분	13.0%
Citra	14g	15분	12.5%
Cascade	14g	15분	7.3%
Cascade	14g	3분	7.3%
Citra	14g	1분	12.5%

효모
White Labs WLP060 American Ale Yeast Blend

매시 스탭		
이름	온도	시간
프로틴 레스트	55°C	30분
당화	68°C	40분
매시 아웃	77°C	5분

내가 참고로 삼은 원본 레시피가 괜찮았던 덕분일까. 사실 지금에 와서 봐도 썩 나쁘지 않은 레시피이다. 페일 에일 몰트로 베이스를 깔고 여기에 카라뮤닉 3을 넣어 맥주에 색과 캐러멜 맛을 더했다. 아울러 카라필스를 넣어 바디감과 거품에도 신경을 썼다. 홉은 조금 아쉬운 부분. 아는 게 별로 없으니 어디서 주워들은 홉들을 다 집어넣었는데, 심코를 60분에 넣어 쓴맛을 내는 비터링 홉으로 사용하기 보다는 후반부에 넣어 맛과 향을 내는 용도로 쓸 것을 그랬다. 효모는 평이한 선택이고, 아쉬움이 남는 것이 당화 과정인 매시 스탭. 내가 매시 스탭을 짤 때 참고한 자료가 과거의 자료이다 보니 프로틴 레스트나 매시 아웃과 같은 불필요한 요소들이 들어갔다. 요즘 몰트들은 워낙 품질이 뛰어나다 보니 이러한 과정이 필요가 없고, 오히려 프로틴 레스트는 맥주의 거품을 나쁘게 하는 악영향을 미치기도 하는데 그것을 미처 알지 못했기 때문이다. 참, 이러한 레시피들은 브루토드(http://www.brewtoad.com)이라는 사이트를 이용해서 작성했는데, 이런 레시피 자동 계산 사이트나 프로그램을 이용하면 곡물을 얼마 넣으면 도수가 얼마나 나올지, 홉을 얼마 넣으면 쓴맛이 얼마나 될 지를 자동으로 계산해 주기 때문에 무척 편리하다.

자, 레시피가 준비되었으니 재료를 준비할 시간. 요즘이야 사람들의 홈브루에 대한 관심이 높아져서 홈브루 서플라이들이 재료를 충실하게 갖추고 있지만, 내가 막 시작하려던 이 무렵만 해도 국내에서 구할 수 있는 재료보다 구할 수 없는 재료가 더욱 많았다. 덕분에 어쩔 수 없이 배송 대행 서비스를 통해 해외 서플라이에서 조달할 수밖에. 그렇다, 나는 이미 이때부터 해외 직구족이었던 것이다. 약 3주 정도의 시간을 거쳐 재료 도착. 드디어 양조 개시다.

첫 시작은 몰트를 갈아주는 것이겠지만 이건 몰트를 갈 밀Mill도 없을뿐더러, 사실 구입할 때 파쇄를 요청해 났기 때문에 불필요한 일. 밀이 비싸기 때문에 굳이 갖출 필요 없이 몰트 구입 시 서플라이에 파쇄해달라고 하면 충분하다. 다음은 당화를 위해 물 데우기. 곡물의 3~4배 정도에 해당하는 양의 물을 데워서 첫 번째 매시 스탭인 프로틴 레스트의 55도보다 조금

높은 온도로 맞춘다. 이렇게 하는 이유는 나중에 곡물이 들어갔을 때 온도가 떨어질 것을 감안해서이다. 물이 온도에 도달했으면 이제 곡물 투하! 매시 스탭대로 뚜껑을 닫고 30분가량 기다려 준다. 이 단계에서 몰트 속 단백질이 분해된다.

30분이 흘렀으면 이제 두 번째 단계인 당화로 갈 차례. 다시 불을 때고 열심히 저어준다. 저어주는 이유는 곡물이 솥바닥에 타서 눌러 붙지 않게 하기 위해서. 그런데 이 일이 은근히 중노동이다. 온도도 빨리 안 올라갈뿐더러, 물 먹은 곡물의 무게가 만만찮다.

68도에 도달했으면 다시 뚜껑을 닫고 한 시간가량 대기. 중간 중간 온도를 체크하고 많이 떨어졌다 싶으면 다시 불을 붙여 온도를 올려준다. 그렇게 한 시간이 지났으면 이번에는 세 번째 단계로 갈 차례. 다시 불을 떼고 앞의 단계를 반복한다.

한편 그 동안에는 단순히 노는 것이 아니라 스파징sparging 물을 준비해야 한다. 스파징이란 쉽게 말해 곡물에 아직 묻어서 남아있는 당분을 깨끗이 씻어내 주는 작업이다. 이 과정에 사용되는 물은 75도에서 79도 가량이 좋은데 이보다 높으면 곡물 껍질에 있는 떫은맛을 내는 탄닌이 우러날 수 있기 때문. 집에 있는 큰 냄비와 주전자에 물을 받고 끓여준다.

❖ 라우터링 시작. 맥즙이 뿌옇다.   ❖ 라우터링 끝. 맥즙이 맑아졌다.

이러는 중에 매시 아웃까지 종료. 맥즙이 완성된 것이다. 물 꼭지를 열고 조금 받아서 마셔본다. 음, 과연 달콤하다. 이렇게 완성된 워트는 바로 사용하진 못하고 라우터링lautering이라는 과정을 거쳐야 한다. 처음 받는 맥즙은 여러 불순물들로 흐릿하기 때문에 당화조 아래의 꼭지로 받아서 곡물층에 다시 부어 주기를 반복하는 것. 곡물층이 필터 역할을 하기 때문에 몇 번 반복하다 보면 맥즙이 눈에 띄게 맑아진다. 어느 정도 맑아졌다 싶으면 라우터링 끝. 맥즙을 다른 통으로 받아준다. 그러면서 곡물층의 위에는 아까 끓여서 온도를 맞춘 뜨거운 물을 부어 스파징을 해 준다.

그런데, 여기서 문제 발생. 스파징을 위해 준비한 물의 양이 너무 적다. 홉을 넣기 위해 끓이는 동안 증발될 양까지 감안하여 총 26리터의 맥즙을 맞춰야 하는데 뜨거운 물을 다 부어도 18리터가량 밖에 되질 않는 것. 8리터가 더 있어야 하는데 그 많은 양의 물이 빨리 끓는 것도 아니고… 결국 나중에는 전기 포트로 끓인 물을 더해가면서 겨우 양과 온도를 맞췄다. 덕분에 간단히 끝나야 할 스파징에만 한 시간 가량의 시간이 소요됐다.

아무튼 이제 맥즙이 완성되었으니 홉을 넣어줄 차례이다. 버너에 불을 키고 맥즙을 다시 끓여준다. 맥즙 양에 비해 버너 화력이 영 시원찮은지 빨리 끓질 않는다. 인내로 기다리고 기다린다. 드디어 끓기 시작. 미리 개량해둔 홉을 호핑 스케줄에 맞춰 넣어준다. 예상보다 훨씬 시간이 소요돼 어느덧 해가 넘어갔지만 집에서 하는데 뭐 그런 게 대수랴. 다만 곧 돌아오실 부모님의 잔소리가 걱정되긴

한다. 그 사이에 당화조의 곡물 찌꺼기들을 모두 쓰레기봉투에 퍼 담고 당화조를 씻어둔다. 이 곡물 찌꺼기들은 그냥 일반 쓰레기로 분류해서 버리는데, 늘 드는 생각이지만 이렇게 버리기가 참 아깝다. 미국의 크래프트 맥주 양조장들은 몰트 찌꺼기들을 축산 농가에 줘서 소 사료로도 쓴다고 하는데, 주변에 소 키우는 데가 없으니 원... 아깝긴 해도 어쩔 수 없다.

이러는 와중에 부모님께서 돌아오신다. 다행히도 잔소리는 하시지만 크게 뭐라시지는 않는다. 맥즙의 달콤한 냄새와 끓고 있는 홉 냄새를 맡으시곤 이 무슨 독한(?) 냄새가 나냐, 집 창문이나 열고 하지 그랬느냐 정도의 잔소리. 난 냄새 좋기만 한데 뭘... 여하건 나중에 욕 먹지 않도록 내가 작업하고 있는 세탁실 바닥 청소를 철저히 해둔다.

마지막 홉까지 넣고 호핑 스케줄도 끝. 이제 완성된 워트를 식히고 발효조로 옮겨 효모를 넣어주는 일만 남았다. 그 전에 양을 재 보는데... 응? 이상하다. 문제 하나 더 발생. 원래대로라면 20리터만 나와야 하는데 양이 훨씬 많다. 24리터가 나왔다. 내 버너가 화력이 약해 증발량이 적은 것을 미처 감안하지 못한 것. 화력 좋은 업소용 버너를 사용하는 공방에서의 증발량을 그대로 가져왔으니 이럴 수밖에. 맥즙 양 맞춘다고 스파징물 급히 준비하고 했던 게 결국 삽질이었던데다 그로 인해 또 다른 문제까지 생긴 것이다. 이래서 정말 백문이 불여일견이다. 암만 이론적으로 빠삭해도 내가 직접 한번 해보지 않으면 반드시 이렇게 맹점들이 생기는 것이다. 안타깝긴 하지만 별 수 있나, 처음 만드는 것을.

이런 식으로 스스로를 달래고 나머지 작업에 들어간다. 워트를 식히기 위해 자작 칠러를 넣고 냉수 on! 아직 날이 완전히 추워지지 않아서 그런지 워트가 빨리 식지 않는다. 발효에 적당한 온도인 20도까지 떨어지는데 한 30분가량 걸리는데 물 때문에 어머니 눈치만 엄청 봤다. 여하건 워트도 식었고 이제 발효조로 옮겨서 효모만 넣으면 끝. 이를 위해 발효조와 워트를 옮기는데 사용할 오토 사이펀을 철저히 소독한다. 약국에서 산 소독용 알코올을 분무기에 넣고 여기저기 칙칙. 홈브루 성패의 8할은 소독에 달려있다는 말이 있을 정도로 소독은 중요하다. 다른 잡균들에 오염되어서 맥주를 망칠 수 있기 때문. 구석구석 알코올을 뿌려준다. 다 뿌렸으면 사이펀으로 워트를 발효조로 옮겨준다. 어느새 끓임통의 바닥이 보이고 홉 찌꺼기와 워트가 조금 남았는데, 보다 좋은 품질의 맥주를 위해 아깝지만 과감히 버리기로 한다. 효모를 넣고 발효조 뚜껑을 닫고 에어락을 꽂고 에어락에 물을 부어주면 끝! 조금 남은 워트를 받아 비중계를 넣어 본다. 비중 1.040... 원래는 20리터에 1.050이 나와야하건만, 1.040에 24리터이니 그야말로 맥주에 물 탄 샘이다. 별 수 있나. 처음 하는 것을.

양조에 사용했던 도구들을 모두 씻고, 세탁실 바닥까지 깨끗이 청소하고 나니 시계가 어느새 10시를 넘어가고 있다. 작업을 3시에 시작했으니 7시간이나 걸린 것. 시간도 시간이지만 양조 일 자체도 굉장한 노가다다. 불 뗄 때마다 계속 저어주고, 무거운 통 계속 들어 나르고, 씻고, 청소하고... 하지만 그런 것들도 내겐 모두 즐겁다.

다음날 발효조 뚜껑에 꽂아진 에어락이 분주히 뻐끔거린다. 이 말인즉슨 발효가 정상적으로 진행되고 있다는 것. 효모는 맥즙의 당을 먹고 알코올과 이산화탄소를 내놓는데, 이 이산화탄소가 밖으로 배출되고 있는 것이다. 한 이틀쯤 지나니 에어락 움직임이 느려지더니, 일주일째가 되자 아예 움직이지 않는다. 이제 맥주를 병에 담을 시간이 된 것. 1리터짜리 생맥주 페트병에 설탕을 5g 정도 넣고 맥주를 담고는 뚜껑을 꽉 닫아준다. 설탕을 담는 이유는 병 안에서 다시 발효를 일으키기 위함인데, 이렇게 함으로써 완전히 밀폐된 병 안에서 이산화탄소가 만들어지며 맥주의 탄산이 되는 것. 이때 일일이 설탕 양을 젤 필요 없이 스틱 설탕을 쓰면 편하다. 그렇게 병입도 마치고 다시 일주일간의 기다림. 일주일 정도 지나면 페트병이 마치 콜라병 마냥 단단해지는데 이러면 탄산화가 완료된 것이다. 자, 드디어 냉장고에 한 병 넣고 차가워지길 기다렸다 마셔본다. 생각보다 색이 짙다. 그리고 물 양에서 이미 예상했듯 조금 밍밍하다. 하지만, 하지만 그럼에도 굉장히 만족스럽다. 3주간의 기다림 끝에 나는 드디어 내 첫 맥주를 맛볼 수 있었다.

당시 블로그에 올렸던 인터뷰

#1 maiden flight
American Pale Ale / 3.9% ABV

• Apperance

진한 호박색. 병입할 때는 맑은 줄 알았는데 그보다는 좀 더 탁하네요. 카라필스를 조금 넣었음에도 불구하고 헤드는 매우 불만족스럽습니다. 카라뮤닉3의 색이 생각보다 짙네요. 의도했던건 이것보다 좀 더 밝은 색이었는데.

• Smell

홉의 프루티한 아로마. 생각한 건 굉장히 시트러시한 아로마였는데, 그렇진 않고 망고스런 열대 과일의 향이 조금 납니다. 생각보다 아로마가 그리 강하진 않습니다.

• Tast

홉의 맛. 아로마에서 느껴진 그대로입니다. 망고 같은 열대 과일의 맛. 딱 적당한 수준의 비터.

• Mouthfeel

증발량 생각을 못 했을때 부터 약속된 얇은 바디. 탄산화에 고생을 많이 한 만큼 탄산은 그리 강하지 않습니다. 이 정도라도 나는게 다행인듯 싶기도. 그저 바디가 아쉽습니다.

• Overall

만족스럽습니다.
다만 다음번에 다시 만든다면 색을 조금 더 밝게, 아로마 홉을 조금 더 넣어봐야 겠네요. 플레이버 홉과 아로마 홉을 똑같은 양을 썼음에도 플레이버는 진하게, 아로마는 생각보다 약하게 나온듯 합니다. 바디는 당연히 올려야 할 것이고, 헤드도 개선 방안이 있다면 좋겠군요... ㅠㅠ

BIAB로 맥주 만들기

여기까지 읽고 혹시 나와 같이 단순히 맥주 마시기를 넘어 맥주 만들기에 도전해보고 싶다는 분들이 계신가? 그래서 준비했다. 집에서 맥주를 만드는 법. 다만 여기에서는 너무 쉬운 캔이나 액상 몰트를 쓰는 방법도 아니고, 내가 하는 것처럼 거창한 장비가 필요한 완전 곡물 방식도 소개하지 않을 것이다. 내가 소개하고자 하는 것은 앞에서도 잠깐 언급한 바 있는 Brew In a Bag, 즉 BIAB 방식. 이 방식을 이용하면 효율과 품질은 조금 떨어지겠지만 커다란 장비를 장만할 필요 없이 처음 몰트 선택부터 온전히 내가 개입할 수 있는, 완전 곡물로 맥주를 만드는 즐거움을 그대로 누릴 수 있다.

준비물

필수 : 만들 맥주의 레시피, 발효조와 에어락, 큰 냄비, 곡물망, 분무기와 소독용 알코올, 온도계, 저울, 병, 레시피에 필요한 재료들(몰트, 홉, 효모, 기타 재료들)

있으면 좋은 것들 : 사이펀이나 래킹 케인racking cane, 비중계와 매스실린더, 칠러chiller

레시피는 구글을 이용하거나 앞서 소개한 맥만동의 작업기 게시판을 조금만 찾아보면 쉽게 구할 수 있다. 여기에서는 바로 앞장에서 보여드렸던 나의 첫 맥주, maiden flight을 조금 개량한 것을 실어 보았다. 만들어지는 맥주의 양은 10리터, 도수는 4도 후반에서 5도 초반대로 홉이 주는 과일향이 솔솔 풍기는 상쾌한 아메리칸 페일 에일이다.

unmaiden flight	
곡물	
이름	**양**
Weyermann Pale Ale	2.5kg
Weyermann Caramunich II	0.2kg
Weyermann Carapils	0.2kg

호핑 스케쥴		
이름	**양**	**시간**
Columbus	6g	60분
Citra	14g	15분
Citra	14g	0분

효모
Safale US-05

01. 큰 냄비에 물을 약 15리터 가량 붓고 온도가 약 72℃가 될 때까지 가열한다.

02. 물이 준비가 되면 곡물망을 냄비 안에 넣어 펼쳐준다. 그리고는 준비한 몰트를 모두 넣고 물에 잘 젖도록 저어준다. 그리고는 뚜껑을 닫고 한 시간을 기다려준다. (처음에는 물에 미숫가루 탄 마냥 여기저기 뭉친 덩어리들이 생기는데 모두 남김없이 부셔서 물에 잘 젖도록 해주자.)

03. 시간이 지나면 곡물망을 들어 물을 쫙 빼준다. 이 때 절대로 곡물망을 손으로 짜서는 안 된다. 떫은맛을 내는 탄닌 성분이 우러나올 수 있기 때문. 물이 어느 정도 빠지면 뚜껑을 열어둔 채로 불을 켜서 끓여준다.

04. 끓기 시작하면 호핑 스케줄을 확인하고 홉을 계량해 넣어준다. 호핑 스케줄의 시간은 그 시간만큼 끓여주겠다는 것. 즉 첫 번째 콜럼버스 홉을 넣고 60분을 끓인다는 것이다. 0분은 불을 끄고 홉을 넣는다는 것.

05. 다 끓은 워트는 뚜껑을 덮어 20℃까지 최대한 빨리 식혀준다. 얼음물 속에 냄비를 담가도 좋고 칠러가 있다면 사용하는 게 가장 좋다. 이제부터는 위생이 중요하다. 워트와 직접적으로 닿는 물건이 있다면 반드시 분무기에 알코올을 담아 뿌려주자.

06. 워트가 완전히 식었으면 발효조 안을 알코올로 꼼꼼히 소독한 다음 맥주를 옮겨 붓고 효모를 뿌려준다. 사이펀이나 래킹 케인이 있으면 이 과정에 사용하면 좋다. 또한 비중계와 매스실린더가 있으면 맥즙 약간을 옮겨 담아 비중을 측정해 보자. 발효가 끝난 뒤의 비중과 비교해 보면 정확한 알코올 도수를 알 수 있다.

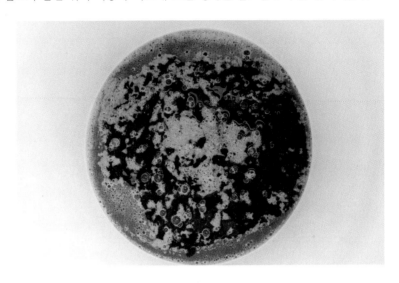

07. 모든 작업이 끝났으면 뚜껑을 닫고 에어락에 물을 부어 장착한 다음 20℃ 정도 되는 곳에 보관한다. 뚜껑을 닫고 하루 정도 지나면 에어락이 뻐끔 거리는 모습을 볼 수 있는데, 이것이 바로 발효가 진행되고 있다는 증거이다. 약 일주일에서 10일가량 지나면 에어락의 움직임이 멈추는데, 즉 발효가 끝났다는 증거이다.

08. 발효가 끝났으면 병에 설탕 5g과 맥주를 넣고 뚜껑을 꽉 닫아준다. 이 때 사용하는 병은 반드시 탄산음료 병과 같은 내압용기를 사용해야 한다. 그렇지 않으면 폭발할 수 있으니 반드시 주의할 것. 설탕 양에 따라서 탄산의 양을 조절할 수 있으며 최대 10g까지 넣을 수 있다. 병입을 마친 병은 역시 20도가량 되는 곳에서 보관해 준다.

09. 병입 후 약 일주일이 지나면 페트 병이 방금 산 탄산음료 병 마냥 아주 단단해지는데 이로써 탄산화가 완료된 것이다. 냉장고에서 차갑게 식혔다가 마셔보자. 건배, 이로써 당신의 첫 맥주가 탄생했다.

맥주를 표현하는 단위들

T I P　맥주를 알아갈수록 느끼는 것이 하나 있다면 맥주가 참 과학적인 술이라는 점이다. 아무래도 오늘날 고도의 과학 문명을 탄생시킨 서양의 술이라 그런지 전통주들과는 달리 대부분의 과정이 과학적으로 규명되어 있고 숫자와 단위들로 표현된다. 여기에서는 맥주에서 사용되는 다양한 단위들에 대해 한번 알아보자.

ABV

대부분의 사람들에게 가장 친숙한 단위. Alcohol by Volume, 전체 술의 양에서 알코올이 차지하는 양을 의미하는 이 단위는 맥주뿐 아니라 모든 술에서 사용되고 있다. 맥주에서 이 ABV를 측정하는 방법은 증류시켜 순수한 상태에서 알코올을 측정하는 것이 정석이지만, 홈브루나 크래프트 브루어리 같은 비교적 작은 규모에서는 발효 전의 당도와 발효 후의 당도를 측정하여 효모가 소비한 당 양을 바탕으로 도수를 측정한다. 대개 일반적인 맥주는 5%에서 8% 사이, 물론 예외도 많다.

비중/플라토

효모는 당을 먹고 알코올과 이산화탄소를 내놓는다. 그 말인즉슨 맥즙의 당도가 맥주의 알코올 도수를 결정한다는 이야기. 따라서 양조가에게 가장 중요한 수치는 바로 당도이다.

당도는 두 가지의 단위로 표현하는데, 하나는 비중이고 하나는 플라토이다. 비중이란 순수한 물(1기압, 대개 20℃ 기준) 대비 맥즙의 밀도, 즉 비중을 측정한 값이다. 맥즙에는 물뿐만 아니라 당분과 같은 다양한 성분들이 들어 있기 때문에 당연히 순수한 물보다 무거울 수밖에 없고, 따라서 이 값이 높을수록 '효모가 먹을 당분이 많다=맥주의 도수가 높아지는 것'이다. 주로 미국의 크래프트 맥주 쪽이나 홈브루 쪽에서 많이 사용하며, 표현은 1.048, 1.060과 같이 그냥 숫자로 표현한다.

플라토의 경우 비중보다 훨씬 직관적인데, 이 단위는 맥즙에서 당분이 차지하는 비율을 나타낸 것이다. 예를 들어 12°라면 그 맥즙에서 당분이 차지하는 비율이 12%라는 이야기. 주로 유럽, 그 중에서도 특히 체코에서 많이 사용되며, 12°, 14°와 같이 '도'를 붙여 사용한다. 특히 이 단위는 체코 맥주에서 많이 보이는데, 12°라고 해서 진짜 12도는 아니니 유의할 것. 12° 정도면 대략 5% ABV가량 된다.

SRM/EBC

맥주의 색상을 나타내는 단위. 크게 SRM과 EBC 두 가지 단위로 나뉘는데, SRM은 미국식 단위, EBC는 유럽식 단위라고 생각하면 편하다. 두 단위간의 차이는 측정 장비가 다르다는 정도? 로비본드라는 단위도 있는데 이 단위가 바로 SRM이다. SRM의 경우 °L이라는 단위를 붙이고, EBC는 그냥 숫자 그대로 쓴다.

SRM으로는 2, EBC로는 4 정도라면 우리가 흔히 마시는 황금색의 라거이고, SRM으로는 20, EBC로는 45를 넘어가면 흔히 흑맥주라 부르는 포터, 스타우트와 같은 검은색 맥주가 된다.

SRM/Lovibond	예	색상	EBC
2	페일라거, 윗비어, 필스너, 베를리너 바이세		4
3	마이복, 블론드 에일		6
4	바이젠		8
6	미국식 페일에일, IPA		12
8	바이젠, 세종		16
10	비터, ESB		20
13	비에르 드 가르드, DIPA		26
17	비엔나 라거, 매르첸, 앰버에일		33
20	브라운 에일, 복, 둔켈, 둔켈바이젠		39
24	드라이 스타우트, 도펠복, 포터		47
29	스타우트		57
35	포린 스타우트, 발틱 포터		69
40+	임페리얼 스타우트		79

IBU

맥주의 쓴맛을 나타내는 단위. 국제 쓴맛 단위International Bitter Unit의 준말이다. 맥주
에 홉이라는 쓴맛을 내는 재료를 사용하는 만큼 맥주에 없어서는 안 될 단위이다. 그냥 숫
자만 쓰거나 뒤에 IBU를 붙인다. 일반적으로 흔히 마시는 라거 맥주가 20, 미국식 페일 에
일이 30~40, IPA가 50~70IBU 정도를 보인다. 하지만 이 수치가 높다고 무조건 쓴 것은
아닌데, 맥주에서 이 수치는 우리 혀에 쓴맛이 받아들여지는 정도를 표현한 것이 아니라
쓴맛 성분이 얼마나 녹아있는지를 측정한 것이기 때문. 쓴맛 성분이 아무리 많다 하더라
도 다른 맛 성분들도 그만큼 많다면 쓴맛이 묻혀서 상대적으로 덜 느껴진다. 따라서 IBU
수치=맥주가 쓴 정도로 받아들이는 것은 곤란하다.

맥주 테이스팅

맥주를 즐기는 가장 좋은 방법은 무엇일까. 왕도는 없겠지만 개인적인 생각에는 좋은 사람들과 함께 마시는 게 아닐까 싶다. 좋은 사람들과 즐겁게 대화하며 마실 수 있다면 벨기에 맥주가 굳이 필요하랴. 국산 맥주도 훌륭하게 느껴질 것이다.

그러나 만약 당신이 맥덕후를 꿈꾼다면(정말로?), 단순히 마시고 즐기는 것만으로는 충분하지 않다. 내가 지금 마시는 맥주가 어떤 스타일인가? 색은 어떻고 어떤 향과 맛이 나는가? 와인이 그러하듯 맥주 역시 테이스팅tasting이 필요하다.

이렇게 말하니 거창하게 느껴지지만 사실 그리 어려운 것이 아니다. 맥주의 스타일이 어떤지는 레이트비어(http://www.ratebeer.com)나 비어 어드보케이트(http://www.beeradvocate.com)에서 검색하면 다 나온다. 어떤 향이 나고 어떤 맛과 느낌이 나는가. 이건 전적으로 나의 감각을 신뢰하면 된다. 다만 가장 중요한 것은 자신이 느낀 바를 항상 표현해야 한다는 것. 다른 사람들에게 말하든 아니면 노트에 필기하든 항상 자신이 느낀 바를 표현하고 비유하는 연습을 해둬야지만 나 자신도 맥주를 보다 객관적으로 느낄 수 있으며, 다른 사람에게도 보다 생생하게 전달할 수 있다. 또한 최상의 컨디션과 환경에서 테이스팅을 진행해야 한다는 것. 시끄러운 장소는 집중력을 방해하며, 음식 냄새와 같이 이런저런 냄새가 나는 환경은 후각을 방해한다. 무엇보다도 중요한 것은 당신의 컨디션. 이런 저런 준비가 잘 되어있더라도 만약 잠이 모자란 상태라든지, 불닭 볶음면을 한 그릇 막 먹은 차라든지, 술에 어느 정도 취한 상태라면 맥주를 100% 그대로 받아들이기는 어려울 것이다. 마지막으로 맥주를 담는 잔 역시 중요하다. 각 맥주의 전용잔도 좋은 선택이지만, 가장 좋은 것은 테쿠Teku 잔과 같은 테이스팅 전용잔이나 와인잔. 이러한 형태의 잔들은 끝부분에서 향을 모아줘 향을 맡는데 좀 더 도움을 준다.

자, 이런저런 준비가 되었다면 이제 실전으로 들어갈 차례. 어떠한 점들을 중점적으로 느낄 것인가. 맥주에는 다양한 요소들이 있지만, 나는 크게 ASTMO의 다섯 가지로 놓고 테이스팅을 진행한다. 외관Appearance, 냄새Smell, 맛Taste, 질감Mouthfeel, 총평Overall.

외관은 말 그대로 겉보기이다. 맥주의 색은 어떤가. 거품의 입자감은 어떠며 양은 어떤가. 또 오랫동안 지속되는가. 색 외에도 맥주가 흐릿한지, 아니면 투명한지, 탄산 기포는 어떤지를 눈여겨 봐야한다.

외관을 살펴봤으면 이제 잔을 들어 코에 대본다. 그리고는 향을 맡아보자. 달콤함, 비스킷, 빵, 초콜릿, 커피, 캐러멜, 훈연의 향이 느껴진다면 이건 몰트에서 비롯된 것이다. 풀, 꽃, 솔잎, 오렌지나 자몽 같은 시트러스, 열대 과일과 같은 향기라면 홉의 것이다. 효모는 향신료와 같은 알싸함, 특유의 과일이나 꽃향기를 자아낸다. 이 외에도 도수가 높은 맥주는 알코올 냄새가 느껴지며, 기타 부재료가 들어간 맥주들은 그 부재료의 향기가 느껴진다. 후각은 쉽게 피로해지는 감각이기 때문에, 냄새를 몇 번 맡다 보면 잘 안 느껴지는 경우가 있다. 이 땐 고개를 돌려 옷 냄새를 맡아보자. 이렇게 하면 코가 다시 돌아오는 기분이 든다.

냄새까지 맡았으면 이젠 본격적으로 마셔볼 차례이다. 크게 한 모금 들이키고는 느껴지는 대로 표현해보자. 전체적으로는 향으로 맡았던 것과 비슷한 맛이 느껴지겠지만, 몇 가지 향으로 표현되지 않던 것들도 느껴질 것이다. 느껴지는 맛의 요소들 말고도 전체적으로 맛들 간의 균형이 맞는지, 스타일에 부합하는지를 체크한다.

이래저래 맛들을 느껴봤다면 다시 한 모금 들이키자. 그러고는 입 안에서 굴러다니도록 내버려 둔다. 그러면서 받은 느낌들을 표현해보자. 탄산은 어느 정도인가. 우리나라 맥주처럼 탄산이 많진 않은가? 바디감은 어떠한가. 물같이 깔끔한 느낌이라면 바디가 가볍지만, 우유같이 끈적한 느낌이라면 바디가 무거운 것이다. 바디 개념은 말로써 이해할 수 있는 게 아니니 다양한 맥주들을 마시고 느껴보자.

여기까지 표현했으면 이제 다 온 셈이다. 맥주를 계속해서 마셔보자. 아마 후각과 미각이 적응해가며, 또 내가 술에 취해가며 느껴지는 게 조금씩 달라질 것이다. 이렇게 변화하는 것도 표현해 보자. 그렇게 다 마셨다면, 이제 맥주를 총평

BEER FLAVOR WHEEL

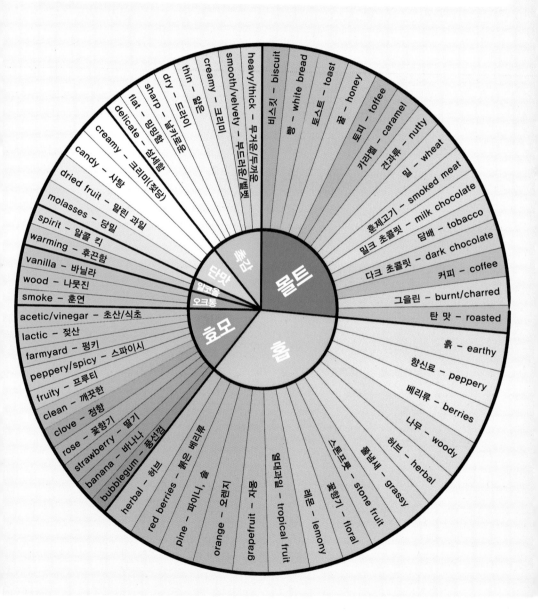

해 보자. 별 거 없다. 맥주의 전체적인 인상이다. 맛있었나, 없었나. 내가 전체적으로 받은 인상, 맥주에 대한 생각, 기타 코멘트 등등. 자유롭게 표현해 보자.

맥주 테이스팅은 이게 전부이다. 조용히 한잔 할 수 있는 시간과 공간만 된다면 누구나 할 수 있는 것이다. 중요한 것은 꾸준히 하는 것. 처음에는 마시고 느낀 바를 표현하는 게 어려울지 몰라도 계속 하다 보면 어느새 익숙해지고 다양한 맥주를 평가하는 자신을 발견하게 될 것이다.

맥주 맛에 관한 다양한 표현들

맛을 표현하는 가장 좋은 방법은 비유하는 것이다. 물론 맛이란 것은 기본적으로 단맛, 짠맛, 신맛, 쓴맛, 감칠맛의 5가지로 구성되어 있지만 음식의 맛이 어디 이렇게 단순하던가. 이 다섯 가지 맛들이 각각 다른 비율로 조화를 이루고, 또 방향 물질이 더해지는 순간 다섯 가지 맛만으로 음식의 맛을 표현하는 것은 불가능해진다. 바나나의 맛을 표현할 때는 단순히 단맛이라고 표현하는 것보다 바나나 맛이라고 표현하는게 더욱 효과적이라는 것이다.

하지만 이러한 비유는 내 비유를 듣는 상대방이 나와 같은 경험을 갖고 있을 때 성립한다. 바나나를 한번도 먹어보지 못한 사람이 바나나 맛이라는 표현을 이해할 수는 없는 것이다. 맥주 역시 마찬가지이다. 맥주가 갖는 특유의 맛들에 대한 다양한 비유적 표현들이 있는데, 이 표현들 중 일부는 직접 맥주를 마시고 느껴보지 않는한 이해하기가 어렵다. 게다가 하필이면 표현들 대부분이 영어이다.

여기서는 주로 쓰이는 표현들 중에서도 한번 들어서는 확 와닿지 않을 것 같은 표현들만 간단히 정리해 봤다.

디아세틸diacetyl – 버터, 버터스카치 사탕, 극장에서 파는 싸구려 버터맛 팝콘 스러운 맛. 맥주 스타일에 따라서는 이 맛이 나는 게 정상인 경우도 있으나 대개의 경우 이 맛이 난다면 양조 과정에 문제가 있는 것이다.

몰티malty – 몰트에서 비롯되는 여러 가지 맛들. 달콤한 맛, 고소한 맛, 카라멜 맛 비스켓 느낌 등에 이 표현을 쓴다.

바디body – 맥주의 점도, 맥주가 입 안에서 얼마나 무겁게 느껴지는가. 바디가 가볍다, 무겁다와 같은 식으로 사용한다. 이 개념만큼은 많이 마셔보고 직접 느껴보는 수밖에 없다.

부즈booze – 알코올의 후끈한 느낌. 보통 도수가 낮은 맥주에서는 알코올의 존재감이 잘 드러나지 않지만 고도수의 맥주에서 주로 느껴지곤 한다.

비터bitter - 말 그대로 쓴맛. 주로 홉에 의해 느껴지지만 맥주 스타일에 따라서는 몰트가 주는 쌉싸레한 탄 맛도 느껴진다. 홉의 쓴맛도 사용된 홉 품종에 따라 달라지는데, 깔끔한 쓴맛이 있는 반면, 하쉬harsh라고 표현하는 혀에 오래 남는 기분 나쁜 쓴맛도 있다.

스파이시spicy - 역시 말 그대로 다양한 향신료를 연상케 하는 맛. 양조 과정에 실제 향신료를 넣기도 하지만 주로 효모가 만들어 내는 맛인 경우가 많다. 개인적으로는 알싸하다고 표현하며 뒤에 언급할 정향/페놀도 여기에 속한다.

시트러스citrus - 레몬, 오렌지, 귤과 같은 과일들을 일컫는 말. 시트러스라는 단어 자체에 대한 우리말은 '귤속'. 맥주에서 오렌지, 레몬, 라임 같은 향이 날 때 이 표현을 쓴다. 홉에서 기인하는 맛으로, 특히 미국산 홉에서 이런 특징이 두드러진다.

어씨earthy - 지구, 그러니까 흙냄새. 홉에서 기인하는 향으로 주로 유럽계 홉에서 느껴진다. 원래 잘 드러나지 않는 향이기도 하다.

에스테르ester - 홉과는 달리 느껴지는 꽃이나 과일의 향기. 주로 복숭아, 사과, 배와 같은 희미한 향기들이 난다. 발효 과정에서 효모가 만들어 내는 향을 표현한다.

정향clove/페놀phenol - 반창고, 소독약 맛. 무슨 맛인지 모르겠다고? 치과에서 치료 끝나고 붙여주는 소독약 맛을 떠올리면 된다. 이 맛 역시 효모가 만들어 내는 에스테르중 하나로 독일의 바이젠 스타일에서 전형적으로 느껴진다.

젖산lactic - 람빅이나 플란더스 레드와 같은 스타일을 표현할 때 반드시 쓰이는 단어. 신맛이다. 원래 신맛이 나는 맥주가 아닌 스타일에서 이 맛이 느껴졌다면 그 맥주는 오염된 것이다.

초산acetic - 젖산과 함께 맥주에 존재하는 신맛. 초산과 젖산의 차이는 초산의 경우 맛도 맛이지만 냄새로 먼저 느껴진다는 것이다. 냄새를 맡았을 때 미간을 찌푸리게 된다면 바로 이 초산의 풍미. 일반적으로 요리에 사용하는 식초가 바로 이 초산이다.

쿰쿰함/펑키funky - 야생 효모인 브레타노미세스Brettanomyces가 주는 특유의 풍미. 해외에서는 이 풍미를 말담요horseblanket라고 표현하는데 말을 가까이 접할 기회가 거의 없는 우리나라에서는 굉장히 애매한 표현. 그냥 쿰쿰하다고 할 수 밖에. 해외에서는 펑키하다고도 표현한다. 한번 느껴보면 다신 잊지 않을, 정말 특이한 풍미. 독특해서 그런지 좋아하는 사람들이 많다.

탄닌tannin - 땡감에서 느껴지는 그 떫은맛. 맥주에서는 느껴져서는 안 되는 맛으로 주로 몰트 껍데기에 함유되어 있기 때문에 이 맛이 난다면 당화 과정에 문제가 있다는 것이다.

파이니piny - 소나무를 연상케 하는 풍미. 마치 솔잎을 씹어 먹는 것 같달까. 물론 씹어먹어 본 적은 없지만... 홉에서 기인하는 풍미로, 미국산 홉의 대표적 풍미.

프루티fruity - 말 그대로 과일 맛. 효모가 만들어낸 에스테르에도 쓰이고 홉(주로 미국, 호주, 뉴질랜드산)이 주는 풍미에도 쓰인다. 다양한 과일 느낌이 나는데 뭐가 뭔지 구분하기 힘들 때 사용하는 두루뭉술한 표현.

헤드head - 맥주의 거품을 의미한다. 맛과는 크게 관련 없음.

호피hoppy - 앞서 언급했던 홉에 관한 다양한 표현들. 시트러스, 어씨, 파이니, 호피 등등 홉의 풍미를 뭉뚱그린 표현. 홉의 풍미가 강할 때 호피하다고 표현하곤 한다.

효모취yeasty - 효모 자체가 갖는 맛. 효모를 거르는 필터링 과정을 거의 거치지 않는 홈브루 맥주에서 쉽게 느낄 수 있다. 양이 적을 땐 빵이나 비스킷과 같은 느낌이지만, 양이 많으면 느끼하거나 심지어는 역겹기도 하다.

영원한 성경 · 거룩한 성지 · 숭고한 순례

Vol.1

이집트
이스라엘
요르단

크리스천,
사진과 이야기가 있는 순례길을
만나다

이강원 저 · 김유민 목사 감수

발로 걸어, 두 눈으로 보고, 귀로 듣고 온 성지의 사·이·길을 비로소 만나다!

의미 없는 성지순례, 관광 같은 성지순례보다는 그 기적과 은혜의 성지를 카메라로 담고 그곳에서 들었던 모든 감동의 순간을 이야기로 들려줌으로써 독자분들 모두가 생생하게 느낄 수 있도록 하나의 이야기 꾸러미를 준비했습니다.

그저 읽고 끝나는 성지순례 도서가 아닌 성지 이야기와 저자가 찍은 생생한 사진을 통해 마음으로 순례하고자 하는 뜨거움을 느껴보십시오.

이제 도서 속에 녹아있는 놀라운 기적의 현장을 담은 사진과 저자가 들려주는 쉽고도 재밌는 성지의 이야기는 독자 여러분들 마음속의 순례 여정을 밝혀주는 하나의 이정표가 될 것입니다.

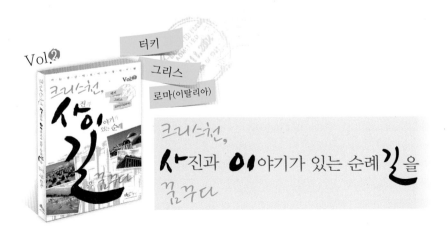

Vol.2

터키
그리스
로마(이탈리아)

크리스천,
사진과 이야기가 있는 순례길을
꿈꾸다

아는만큼 더 보이는
유럽여행

이상묵 저/13,500원/275쪽

이제 보기만 하는 여행은 무언가 허무하다. 여행지를 제대로 느끼고 흡족하게 알고 오는 방법은 없을까? 이 책은 유럽 여행을 미리 알고 갈 수 있도록 제안하는 가이드북이다.

유럽 곳곳에 얽힌 역사와 문화를 미리 학습하고 감으로써 여행에서의 즐거움을 배가시킨다. 런던에서부터 파리, 알프스, 밀라노, 베니스, 아테네 이스탄불까지 유럽의 주요 도시들을 중심으로 관련 명소에 대한 학습 내용을 소개한다. 뭐 좀 알고 가는 유럽 여행, 아는만큼 더 보이는 유럽여행, 알고보니 다 보이는 실속 유럽 여행을 제안한다.

그리스 동유럽 에메랄드빛 낭만을 마시다
여행처럼 살고 싶다

이영순, 이명희 저/13,500원/258쪽

낯선 사람들과 낯선 자연 그리고 풍경, 자유여행이 주는 특별함~ 알뜰한 대한민국 아줌마들이 전하는 유럽배낭여행 비법을 엿보자!

그리스 동유럽 에메랄드 빛 낭만을 담은 여행 가이드『여행처럼 살고 싶다』. 여행을 즐기는 아줌마들이 유럽을 제대로 즐길 수 있는 자유여행을 제안한다. 그리스, 이탈리아, 크로아티아, 슬로베니아, 오스트리아, 체코, 슬로바키아, 헝가리의 골목골목을 누비는 자유여행이 펼쳐진다. 또한 알뜰한 아줌마의 감각이 담긴 「Tip」, 「Travel Tip」, 「여행 준비물」 등의 코너를 통해 유럽여행에 유용한 실용정보를 수록했다.

세계를 향한 꿈·나눔·희망바이러스!!
18세 고딩 네팔을 만나다

이재혁 저/12,000원/280쪽

18세의 청소년이 쓴 색다른 해외 여행기. 샹들리제로 아름다운 파리의 거리도 아니고, 최첨단 유행이 넘쳐나는 뉴욕의 맨해튼 거리도 아니다. 우리네 농촌을 보는 듯한 한적함, 폴라로이드 한 장의 사진으로 큰 기쁨을 얻을 수 있는 소박한 사람들이 사는 나라, 네팔이다.

고등학생인 저자는 책에서 끊임없이 세계의 기아와 환경, 그리고 희망에 대해 이야기한다. 자신이 겪은 일상과 네팔의 이야기를 전하는 이 책에서 독자들은 저자의 날카로운 시각에서 전해져 오는 희망의 메시지를 읽을 수 있을 것이다.

아이생각
www.ithinkbook.co.kr

DIGITAL BOOKS
www.digitalbooks.co.kr
since 1999

J&jj 제이앤제이제이
www.jnjj.co.kr

성공어학연수 가이드 시리즈

어학연수에 꼭 필요한 알찬 정보만을 선별해
독자 여러분을 성공적인 연수로 이끌어 드립니다.

www.ithinkbook.co.kr

테마★로 만나는 인문학 여행 ①

벨기에에 마시러 가자

1판 1쇄 인쇄 2015년 8월 1일
1판 1쇄 발행 2015년 8월 5일

지 은 이 김영근
발 행 인 이미옥
발 행 처 J&jj
정   가 17,000원
등 록 일 2014년 5월 2일
등록번호 220-90-18139
주   소 (04987)서울 광진구 능동로 32길 159
전화번호 (02)447-3157~8
팩스번호 (02)447-3159

ISBN 979-11-955295-1-3(03920)
J-15-02